Sabine Asgodom

In meiner Badewanne
bin ich Kapitän

Sabine Asgodom

In meiner Badewanne bin ich Kapitän

Meine besten Selbstcoaching-Tipps

Kösel

Verlagsgruppe Random House FSC© N001967

Copyright © 2017 Kösel-Verlag, München,
in der Verlagsgruppe Random House GmbH,
Neumarkter Straße 28, 81673 München

Umschlag: Weiss Werkstatt, München
Umschlagmotiv: Weiss Werkstatt München /
Janusz Korwin-Kossakowski
Autorenfoto: © Constanze Wild
Satz: Leingärtner, Nabburg
Illustrationen: © Inka Hagen
Druck und Bindung: GGP Media GmbH, Pößneck
Printed in Germany
ISBN 978-3-466-34667-7

www.koesel.de

Dieses Buch ist auch als E-Book erhältlich.

Inhalt

Einleitung

»In meiner Badewanne bin ich Kapitän!« Sehen Sie sich selbst im dampfenden Wasser dümpeln, mit Quietsche-Entchen spielen, unter Schaumbergen die Auszeit genießen? Das ist genau das Bild, das der Titel erzeugen will. Unser Leben soll warm, genüsslich und leicht sein. Andere Menschen stören uns leider oft dabei: Sie sind anders als wir, sie denken anders als wir, sie handeln anders als wir und wollen uns auch noch vorschreiben, dass wir so sein sollten wie sie!

Die gute Nachricht: Das müssen Sie nicht. Sie gestalten Ihr Leben, Sie tragen die Verantwortung dafür und Sie dürfen Ihre Träume leben. Dieses Buch möchte Ihnen dafür jede Menge Inspiration, Impulse und Ideen liefern. Für Sie selbst und auch für die Beziehungen, in denen Sie leben, in der Familie, mit Partner/innen, mit Freundinnen, Nachbarn, Kollegen und Vorgesetzten.

Sechs Jahre lang habe ich die Beratungskolumne in der Zeitschrift *Donna* geschrieben. Darin habe ich Fragen der Leserinnen (zwischen Ende 30 und Mitte 60) aus allen Lebensbereichen beantwortet. Die Herausforderung war, möglichst nicht zu beraten, sondern zu inspirieren, zu ermutigen und alternative

Lösungsmöglichkeiten aufzuzeigen. Deshalb habe ich viele Anregungen zum Selbstcoaching gegeben, manchmal einfach, manchmal überraschend, manchmal provokativ. So habe ich schon mal empfohlen, zwei Familienangehörige fest mit den Köpfen zusammenzustoßen, damit sie mit ihrem ewigen Streit aufhören (es gab aber auch noch eine gewaltfreie Alternative).

Ich bedanke mich ganz herzlich bei der Redaktion der *Donna*, allen voran bei Katja Hertin und Annette Hohberg, für die wunderbare Zusammenarbeit. Es war mir eine große Freude!

Sehr ermutigend waren auch immer wieder die Rückmeldungen von Leserinnen in der Art: »Danke für die lebensnahen und praktischen Anregungen. Ich habe durch Ihre Antworten oft Ideen für meine eigenen Probleme bekommen.«

Und das ist das Ziel dieses Buches: Nicht nur, dass Sie es mit Vergnügen lesen, sondern dass Sie selbst kreative Anregungen für sich finden. Deshalb habe ich neben den spannendsten Fragen und Antworten auch einige hilfreiche Selbstcoaching-Tools in dieses Buch aufgenommen. Ich coache seit 25 Jahren und habe in dieser Zeit meine eigene Methode entwickelt, das »Lösungsorientierte Kurzcoaching«, abgekürzt LOKC®. Die besten Übungen habe ich für Ihre Lösungsfindung zu Hause angepasst. Sie können damit selbst an Ihren Fragen und Wünschen arbeiten. Sie können aber auch jemand anderen bitten, mit Ihnen zusammen kreativ zu werden: Das macht oft mehr Spaß – und bringt meist viel mehr Ideen.

Ich wünsche Ihnen viel Freude beim Lesen, viele fröhliche Erkenntnisse dabei und den Mut, das eine oder andere, das zu Ihrer Lebenssituation passt, einmal auszuprobieren. Denn, denken Sie daran: »In Ihrer Badewanne, sprich, in Ihrem Leben, sind Sie Kapitän.«

Ihre Sabine Asgodom

»Sie allein wissen, was Sie wirklich wollen!«

Anregungen für Persönlichkeit und Selbstmitgefühl

Kennen Sie das, dass ganz viele Leute angeblich wissen, was das Beste für Sie wäre? Jeder hat eine Vorstellung, jeder warnt, jeder rät. Oft lieb gemeint. Doch viel wichtiger ist, was Sie für sich selbst wollen! Hören Sie auf Ihre innere Stimme, folgen Sie Ihren Impulsen, und machen Sie meinetwegen auch Ihre eigenen Fehler. Denn es ist Ihr Leben, und das können nur Sie selbst leben. In diesem Kapitel möchte ich Sie ermutigen, Ihren eigenen Weg zu erkennen und ihm zu folgen. Ich möchte Sie bestärken, die Dinge auszuprobieren, die Menschen zu treffen, auf die Sie Lust haben, die Ihr Leben »durchsonnen«, wie der kleine Prinz im gleichnamigen Buch sagt. Und ich möchte Ihr Selbstmitgefühl stärken. Ist das nicht ein schönes Wort? Denn oft sind wir gnadenlos kritisch uns selbst gegenüber, legen den Fokus auf unsere Schwächen, nehmen uns Fehler übel, reden uns ein, dass wir ja doch keine Chance haben. Damit ist jetzt Schluss! Lesen Sie selbst.

Schluss mit Selbstsabotage

Gibt es ein Rezept gegen Selbstzweifel?

Kann es sein, dass ich zu ehrgeizig bin? Ich arbeite als Beraterin in einem Unternehmen mit vielen verschiedenen Menschen. Und ich mache mich jedes Mal verrückt, wenn ich auf einen wichtigen Anruf warte, nach einem Gespräch nicht gleich Feedback bekomme, überhaupt, wenn ich auf Rückmeldungen von anderen warten muss. Das Schlimmste daran ist, dass mich in dieser Zeit die Selbstzweifel überschwemmen: Wahrscheinlich habe ich mich nicht gut genug präsentiert, vielleicht habe ich das Gespräch sowieso in den Sand gesetzt, die Chance vertan, bin einfach zu blöd ... und es gibt noch Steigerungsmöglichkeiten der Selbstbeschimpfung, die ich Ihnen hier ersparen will. Bitte, gibt es ein Rezept dagegen?

Franziska, 40

⇨ *Sabine Asgodom:* Wenn ich Sie richtig verstehe, sind Sie Ihre eigene Drama-Queen. Legen Sie Ihre Selbstkasteiungs-Peitsche aus der Hand! Wie das gehen könnte? Sie notieren direkt nach jedem Auftritt, wie Sie sich gefühlt haben: Haben Sie das Beste gegeben, das Sie in dem Augenblick draufhatten? Was ist gut, was nicht so gut gelaufen? Was würden Sie beim nächsten Mal besser machen? Worauf sind Sie stolz? Diese sachliche Auflistung halten Sie bereit, wenn der emotionale Selbstzweifel-Sturm anhebt. Und nehmen Sie in Ihre Einstellung diese zwei banalen Sätze mit großer Wirkung auf: »Manchmal bekommen wir, was wir uns wünschen, und manchmal nicht. Und ob ja oder nein hat nicht immer mit unserer Leistung zu tun.« Noch ein Tipp: Probieren Sie doch mal den Zuversichts-Streuer aus, Sie finden ihn auf der Selbstcoaching-Seite.

Selbstcoaching

SO VERSTREUEN SIE ZUVERSICHT

Selbstzweifel sind eine sehr weibliche Eigenart. Wie heißt das Gegenmittel? Zuversicht! Sie hilft uns, die Unwägbarkeiten des Lebens auszuhalten. Leider kann man sie nicht kaufen, aber man kann sie nutzen. Hier ist ein Ritual, das Ihnen helfen soll, Gefühle in Zeiten der »Verselbstzweiflung« wieder aufzurichten: Kaufen Sie sich einen großen Salzstreuer. Auf den kleben Sie ein selbst gemaltes Schild mit der Aufschrift »Zuversicht«. Wann immer Sie im Selbstzweifel-Strudel stecken, streuen Sie sich etwas »Zuversicht« auf den Kopf (Vorsicht, ohne Salz!). Ich habe das mit meinen Mitarbeiterinnen ausprobiert, wir haben gerade viel Stress. So albern es klingen mag: Es hat jedes Mal gewirkt. Und: Es geht auch ohne Salzstreuer. Einfach mit der Hand Streubewegungen überm Kopf machen . . .

Sich selbst verwirklichen

Was mache ich aus meiner Leidenschaft?

Sie werden mich vielleicht auslachen, wenn ich Ihnen mein Problem schildere, aber ich brauche Ihren Rat: Ich bin eine in Deutschland geborene türkische Hausfrau und Mutter eines 16-jährigen Sohnes, und ich backe total gern Kuchen, auch deutsche Torten. Aber mein Mann und mein Sohn machen sich nichts aus Süßem. Und ich muss aufpassen, dass ich nicht zu dick werde, sagt jedenfalls mein Mann. Haben Sie eine Idee, wie ich meine Leidenschaft trotzdem ausleben könnte?

Ayfer, 38

⇨ *Sabine Asgodom:* Zuerst einmal: Hier wird niemand ausgelacht. Zweitens: Danke für Ihr Vertrauen. Als Drittes ist mir natürlich der Spruch Ihres Mannes aufgefallen, den ich schon ziemlich anmaßend finde. Aber das müssen Sie mit ihm ausmachen. Viertens kommen wir jetzt zu Ihrer Leidenschaft, dem Backen. Wenn Sie Ihre Kuchen und Torten nicht alle selbst essen wollen (was ja vielleicht wirklich keinen Sinn macht), gäbe es verschiedene Möglichkeiten: Wie wäre es, wenn Sie für eine soziale Einrichtung in Ihrer Nähe backen würden – für Bedürftige, ein Altersheim oder einen Müttertreff? Vielleicht gesunde Kuchen zum Selbstkostenpreis, nur so aus Spaß? Und sie lernen dabei vielleicht noch nette Menschen kennen. Noch attraktiver finde ich die Idee, einem kleinen Tagescafé, Bistro oder auch einem Restaurant anzubieten, leckere Torten für sie zu backen – dann natürlich zu einem reellen Preis. Oder Sie inserieren in der Lokalzeitung: »Backe Überraschungstorten zu besonderen Anlässen.« Vielleicht wird daraus sogar mal ein kleines Unternehmen?

Ausstrahlung verbessern

Ich werde übersehen

Ich stelle immer wieder fest, dass ich manchmal übersehen werde. Das gilt für Veranstaltungen, auf denen mich niemand anspricht, aber genauso in Geschäften oder in Restaurants. Ich bin eher klein (162 cm) und zierlich. Liegt es an meiner Ausstrahlung? Soll ich mich bunter anziehen? Oder mir eine verrückte Frisur machen lassen?

Elisabeth, 42

⇨ *Sabine Asgodom:* Ausstrahlung ist ein wunderbares Wort, das alles sagt: Strahlen kann ich nur aus mir selbst heraus. Äußerlich kann jede Frau das volle Programm abfahren lassen: sich anmalen, aufstylen, aufpolieren. Aber wenn dies alles um ein leeres Gesicht herum geschieht, ist die Mühe umsonst. Ausstrahlung kommt von innen, richtet das Rückgrat auf, lässt die Haut schimmern, bringt die Augen zum Leuchten. Also ran ans Putzprogramm von innen. Als Erstes wird das »Ich« freigelegt: Wer bin ich, was kann ich, was habe ich in meinem Leben schon geleistet. Ich empfehle dazu »Meister Stolz«, der hilft, den überkritischen Blick zu mildern und Selbstzweifel wegzuputzen. Viele Frauen verwechseln Stolz mit Arroganz und sind deshalb vorsichtshalber viel zu bescheiden. »Na ja, ich kann das eigentlich ganz gut …« Weg mit den Kleinmachern! Das Erfolgsprinzip heißt: »Sagen, was ist« (siehe die Selbstcoaching-Übung).

»Wer nicht lächeln kann, sollte keinen Laden aufmachen«, sagt ein chinesisches Sprichwort. Und wer andere Menschen nicht mag, hat auch keine Ausstrahlung, sage ich. Also ran an die nächste Putzaktion: Wischen Sie Vorbehalte, Neid, Schüchternheit beiseite und begeistern Sie sich für andere: Schauen Sie hin, hören Sie hin, versuchen Sie zu verstehen. Die Menschen um Sie herum werden das spüren und schätzen. Und Sie Ihrerseits wahrnehmen. Die findet mich gut? Dann finde ich sie auch gut. Was für ein interessanter Mensch! Und das sind Sie ja schließlich!? Prima, Sie nicken. Räumen Sie das Putzzeug weg und strahlen Sie!

Selbstcoaching

DIE SPIEGEL-STORY

HIER EINE TOLLE AUSSTRAHLUNGS-ÜBUNG:
Stellen Sie sich vor einen Spiegel. Stehen Sie gerade, tragen Sie den Kopf hoch, atmen Sie tief ein und aus. Nun formulieren Sie in einem Satz, was Sie gut können:

»Ich kann gut . . .« – »Ich bin Expertin für . . .«
»Ich habe mich spezialisiert auf . . .«
»Ich bin . . .« – »Ich habe . . .«

Probieren Sie aus, was gleichzeitig zutrifft und Sie froh stimmt. Diesen Satz so lange wiederholen, bis die Augen dasselbe sagen wie Ihr Mund. Das funktioniert nämlich nur, wenn Sie glauben, was Sie sagen. Und das heißt: bei der Wahrheit bleiben und die Formulierung stärken. Wenn Sie diese Übung allein nicht hinbekommen, fragen Sie eine Freundin, ob sie Ihnen dabei hilft. »Ja, so bist du.« »Ja, so sehe ich dich.« Und bitten Sie Ihren Sparringspartner, dazu immer tüchtig mit dem Kopf zu nicken. Bis Sie es selbst glauben.

FÜR FORTGESCHRITTENE:
Zeigen Sie, dass Sie gut sind, ohne zu sprechen. Wie das geht?

- Schreiten Sie, statt zu hasten.
- Stehen Sie, statt zu lümmeln.
- Sitzen Sie wie eine Königin.

Die Arbeitszeit umstellen

Ich möchte morgens länger schlafen

Meine Arbeit ist vielseitig und fordernd und macht auch nach 25 Jahren noch Spaß. Größter Nachteil: Als Nachteule muss ich vor 6 Uhr aufstehen und gehe meist um 22 Uhr zu Bett, obwohl ich lieber öfter abends noch was unternehmen würde. Unser Geschäftsführer meint, je früher man mit der Arbeit beginnt, desto besser. Die Arbeitszeit in der Firma ist entsprechend eingeengt: Bei 40 Stunden Arbeitszeit pro Woche wird um 17.30 Uhr abgeschlossen, freitags um 16 Uhr! Meine Lebensqualität leidet unter dem ständigen Schlafmangel. Im Urlaub gehe ich um 2 Uhr morgens schlafen und stehe um 11 Uhr auf. Dann geht es mir richtig gut. Wie löse ich den Konflikt?

Regina, 57

⇨ *Sabine Asgodom:* Oh ja, ich kann mir gut vorstellen, dass Sie den frühen Arbeitsbeginn wie eine Strafe empfinden. Ihr Brief klingt aber so, als ob Sie nicht gern das Unternehmen wechseln würden, sondern sich grundsätzlich dort wohlfühlen. Nun könnte ich wie die amerikanische Schriftstellerin Ami Tan sagen: »Wenn du dein Schicksal nicht ändern kannst, dann ändere deine Einstellung.« Aber vielleicht ließe sich doch etwas ändern: Wenn Ihnen die Arbeit seit 25 Jahren Spaß macht, dann sind Sie sicher auch richtig gut darin, vermute ich. Das könnte die Basis für ein hilfreiches Gespräch mit Ihrem Chef sein. Erkundigen Sie sich als Erstes bei Ihrem Steuerberater, wie viel weniger netto Sie von Ihrem Gehalt bei nur noch 35 Stunden pro Woche herausbekommen würden. Überlegen Sie, ob Sie es sich leisten können, auf diese Summe zu verzichten, um dafür ausgeschlafen durch den Tag zu gehen. Alternative: Sie kommen morgens eine Stunde später und erledigen die übrig gebliebene Arbeit abends im Home-Office. Manchmal geht das. Könnten Sie Ihrem Geschäftsführer diese Alternativen vorschlagen? Die neue Regelung würde bewirken, dass Sie täglich eine Stunde länger schlafen dürfen. Dann kommen Sie auch wieder öfter auf Partys!

Über seine Stärken und Erfolge reden

Gibt's einen Trick, sich besser zu verkaufen?

Schon öfter bin ich in dem Unternehmen, für das ich arbeite, aufgefordert worden, mich für eine bestimmte Stelle zu bewerben. Meine Vorgesetzten halten viel von mir, doch in der Bewerbungssituation versage ich meist. Ich schaffe es nicht, Führungskräfte oder Personalmanager von meinen Qualitäten zu überzeugen, sondern wirke fahrig und unsicher. Mit nun fast 40 ärgert es mich, dass ich mich so schlecht verkaufe. Ich weiß, dass es an meiner Erziehung liegt, da hieß es immer nur: »Sei sittsam und bescheiden, dann kann dich jeder leiden!« Haben Sie einen Tipp für mich?

Verena, 38

⇨ *Sabine Asgodom:* Ich musste lachen, als ich Ihren Spruch aus der Kindheit gelesen habe. Da kann ich noch einen draufsetzen: »Sei wie das Veilchen im Moose, sittsam, bescheiden und rein. Nicht wie die stolze Rose, die stets bewundert will sein.« Mit so einem Quatsch sind Generationen von Frauen ins Leben entlassen worden! Aber jetzt ist es an der Zeit, erwachsen zu werden. Machen Sie aus »Eigenlob stinkt« das Gegenteil: »Eigenlob stimmt.« Egal was Mama, Papa, Oma gepredigt haben – ab sofort gilt: »Ich rede wertschätzend über meine Stärken, meine Erfahrungen, meine Erfolge!«

Übung macht auch hier die Meisterin. Kleiner Tipp: Schreiben Sie vor einem Gespräch auf, was Ihre Stärken sind.

Selbstcoaching

EIGENLOB STIMMT!

Egal in welchem Alter Sie damit anfangen – es wird Zeit, liebevoller von sich selbst zu sprechen. Hier vier Herausforderungen, die Sie inspirieren sollen:

1. Schreiben Sie mindestens drei körperliche Dinge auf, die Sie an sich mögen.
2. Schreiben Sie mindestens fünf Charaktereigenschaften auf, die Sie an sich schätzen.
3. Schreiben Sie mindestens sieben berufliche Stärken auf, die Sie haben.
4. Schreiben Sie mindestens zehn Dinge auf, die Ihnen im Leben gut gelungen sind. Es können berufliche, aber auch persönliche Erfolge sein.

Hängen Sie sich diese Liste an einem Ort auf, wo Sie sie jeden Tag mindestens einmal ansehen.

Das richtige Hilfsprojekt finden

Ich will Gutes tun – aber wie?

Es ist mir fast peinlich, mit dieser Frage an die Öffentlichkeit zu gehen, und manche werden es ein Luxusproblem nennen. Aber ich traue mich trotzdem. Ich habe von meinem Vater Geld geerbt. Und ich werde sicher das meiste davon für meine Altersversorgung anlegen. Ich habe aber leider keine Kinder und möchte auch deshalb einen Teil des Geldes für einen guten Zweck spenden. Ich habe vom Leben viel bekommen und möchte jetzt auch anderen Menschen etwas Gutes tun. Aber wie komme ich an ein entsprechendes Projekt?

Franziska, 51

⇨ *Sabine Asgodom:* Ich finde Ihre Frage absolut ehrenwert und nichts, wofür Sie sich entschuldigen müssten. Ich habe mir überlegt, wie ich an die Frage rangehen würde. Ich würde mir überlegen, wofür mein Herz am meisten schlägt: für Menschen allgemein, für Familien, für eine Sportart, für Kinder, für Kunst, für Frauen, für Musik, für die Förderung von Talenten, für die Natur, für die Erhaltung eines Bauwerks? Und dann für mein Herzensthema erst einmal in der näheren Umgebung nach Initiativen suchen, die in diese Richtung arbeiten. Ich würde die Menschen in den Organisationen kennenlernen wollen, die ich unterstützen würde. Vielleicht ergeben sich dadurch sogar sinnstiftende Kontakte, die über die reine Spende weit hinausgehen. Ich würde auch mit Kommunalpolitikern reden, sie werden oft von Initiativen um Hilfe gebeten und wissen, wo Hilfe gebraucht wird. Liebe Franziska, ich wünsche Ihnen, dass Sie Ihr Herzensprojekt finden!

Hinfühlen, worauf man wirklich Lust hat

Soll ich meine feste Stelle aufgeben?

Ich möchte mich selbstständig machen, aber alle Freundinnen halten mich für verrückt. Sie preisen meine feste Arbeitsstelle, als wäre es der Himmel auf Erden. Vielleicht weil sie nur Aushilfsjobs haben und mich beneiden. Aber ich fühle mich jung genug, um mir noch Träume zu erfüllen. Mein Problem ist allerdings, dass ich keine Idee habe, was ich machen könnte. Vor Urzeiten habe ich Deutsch und Geschichte studiert, arbeite aber seit Langem als Personalchefin in einem mittelständischen Unternehmen. Ich habe ein schönes Haus mit Garten, reise gern, interessiere mich für Literatur und vieles mehr. Bin ich wirklich reif für einen Neuanfang?

Anja, 48

⇨ *Sabine Asgodom:* Träumen Sie ruhig weiter. Nein, ich meine das nicht sarkastisch. Was wäre Ihre Erfüllung? Bei welchem Gedanken geht Ihnen das Herz auf? Wofür würde es sich lohnen, den gemütlichen Platz am Schreibtisch aufzugeben? Nehmen Sie sich mutige Menschen zum Vorbild, die sich ganz nebenbei selbstständig machen mit Häkelmützen, Dirndlhüten oder Unternehmensberatung. Was können Sie? Was ist Ihr Plan B? Was würde Ihnen richtig Spaß machen? Ich rede nicht von sofortiger Kündigung, sondern von Ausprobieren. Ich selbst habe sieben Jahre lang neben einer Vier-Tage-Festanstellung meine neue Existenz aufgebaut, habe probiert, verworfen, wieder probiert, Gutes weitergeführt. Übrigens: Falls Sie erkennen, dass Ihre Begeisterung nicht für den großen Wurf reicht, überlegen Sie: Gibt es noch einen Plan C, D oder E? Mehr dazu finden Sie in der folgenden Selbstcoaching-Übung.

Selbstcoaching

PLAN B BIS Z

Träumen Sie davon, beruflich etwas anderes zu machen, wissen aber noch nicht genau, was? Vielleicht hilft Ihnen das »B- bis Z-Spiel«. A steht für das, was Sie bisher gemacht haben. Schreiben Sie jetzt zu jedem Buchstaben eine Idee auf, womit Sie sich selbstständig machen könnten, also zum Beispiel:

- Buchhandlung eröffnen
- Café in einer Buchhandlung eröffnen
- die beste Buchhandlung der Stadt eröffnen
- eine Buchhandlung eröffnen
- Ferienausflüge für Kinder organisieren
- Gartenarchitektur studieren
- Häuser renovieren und verkaufen
- Immobilienmaklerin werden
- Jugendliche betreuen
- Kaffeerösterei mit Buchhandlung
- Literaturagentin werden
- Mutter-Kind-Reisen anbieten
- Nierenschalen aus Pappe bunt bemalen
- Ohrensessel neu beziehen
- Papierhandlung mit Büchern

- quietschbunte Lesezeichen entwerfen
- reich heiraten
- Socken stricken
- Teestube mit Buchhandlung
- Urlaubsvertretung für Buchhändler anbieten
- Verlag anschreiben, Stelle suchen
- Wollgeschäft eröffnen (mit Strickbüchern?)
- XXL – ganz groß rauskommen
- Y – für die junge Generation etwas tun
- Zuckerpäckchen entwerfen

Vielleicht kommt Ihnen dieses Spiel albern vor, aber gerade in den unernsten, lockeren, leichten Gedanken steckt manchmal die Lösung. Also zwingen Sie sich bitte, irgendetwas zu jedem Buchstaben hinzuschreiben. Und dann klopfen Sie die einzelnen Ideen auf Relevanz und Realisierungsmöglichkeit ab.

Sich Zeit fürs Aufblühen nehmen

Wie komme ich wieder unter Leute?

Zurzeit arbeite ich als leitende Angestellte mit einer Wochenarbeitszeit von 55 Stunden. Privat bin ich seit acht Jahren verwitwet und mache eine Ausbildung zur Heilpraktikerin. In den vergangenen Jahren hat sich die Zahl meiner Freunde stark reduziert. Am Abend fehlt mir die Zeit, etwas zu unternehmen. Wenn ich um 21 Uhr nach Hause komme, bin ich einfach zu müde. Wie kann ich meinen Freundeskreis wieder aufstocken und auch einen passenden Mann kennenlernen?

Catherine, 47

⇨ *Sabine Asgodom:* Ich kann mir gut vorstellen, dass Sie sich nach dem Tod Ihres Mannes in Arbeit und Weiterbildung gestürzt haben. Offensichtlich hat Ihnen beides auch geholfen. Umso erfreulicher, dass Sie sich nun nach Gesellschaft sehnen. So wie in der Natur im Frühling alles aufblüht, ist es offensichtlich auch Zeit für Sie, wieder aufzublühen. Ich würde mir an Ihrer Stelle folgende Fragen stellen:

* Könnte ich meinen alten Freundes-/Bekanntenkreis reaktivieren? Wie kann ich das machen?
* Gibt es etwas, dem ich mich widmen könnte, um dadurch neue Menschen kennenzulernen?
* Was wollte ich immer schon mal ausprobieren, machen?
* Könnte mich jemand begleiten, damit es mir leichter fällt, wieder unter Leute zu gehen?
* Wo kann ich mich – fröhlich und echt – von einem Mann »finden« lassen?

Und da Ihr Tag nur 24 Stunden hat, sollten Sie sich wohl auch fragen, was Sie ändern könnten, damit Sie mehr Zeit für Ihr »Aufblühen« gewinnen. Delegieren, strukturieren, umorganisieren – es gibt so einige Möglichkeiten, sich ein paar freie Stunden zu verschaffen. Kleiner Tipp von mir: Stellen Sie sich doch einen »blühenden« Blumenstrauß ins Büro als Erinnerung an »mal früher nach Hause gehen«.

Mehr Ausstrahlung entwickeln

Ich will keine graue Maus mehr sein!

Ich arbeite in einem reinen Männer-Team, lauter Ingenieure. Ich trage Verantwortung für das Abteilungsbudget und das Controlling, aber ich habe das Gefühl, dass ich von den meisten Kollegen gar nicht wahrgenommen werde. Mit meinen 1,64 m zwischen lauter großen Kerlen fühle ich mich selber oft verloren, komme mir vor wie das berühmte graue Mäuschen. Und das, obwohl ich privat eine lebenslustige und zupackende Frau bin. Meine Freundinnen können oft gar nicht glauben, was ich aus dem Büro erzähle. Was kann ich tun, um besser wahrgenommen zu werden?

Martina, 51

⇨ *Sabine Asgodom:* Menschen, die über Ausstrahlung oder Charisma verfügen, haben es oft leichter als andere. Doch Sie müssen nicht Jeanne d'Arc, Greta Garbo oder Steffi Graf sein, um zu strahlen. Auch diese Menschen haben irgendwann einmal ihr Charisma entwickelt. Sie haben durch ihre Taten und durch ihre Öffentlichkeit dieses Leuchten intensiviert. Und vor allem: durch ihre Überzeugung. Wenn Sie sich der Bedeutung Ihrer Arbeit bewusst werden, wie Sie damit dem Unternehmen dienen – und damit auch den Arbeitsplätzen Ihrer Kollegen –, wird sich das schon in Ihrem Auftreten widerspiegeln. Rechnen Sie mal aus, für welche Summen Sie (mit)verantwortlich sind, wie viel Sie der Firma sparen geholfen haben ...

Man kann sich unsichtbar machen, das kennen wir noch aus der Schulzeit, aber man kann sich auch sichtbar machen, das nennen wir Präsenz. Dazu gehört beispielsweise, Menschen bewusst anzuschauen. Meine Erfahrung: Wenn ich gucke, gucken sie zurück. Wenn ich Menschen ansehe, habe ich die Chance, gesehen zu werden. Und wenn ich dann sogar noch lächle, habe ich die Chance, bemerkt zu werden. Ich habe gelernt, dass man allein durch die Haltung bis zu fünf Zentimeter herausschinden kann. Ich werde immer größer geschätzt, als ich mit meinen nur 1,60 m bin. Außerdem empfehle ich Ihnen, den »Gang der Königin« zu üben (siehe Selbstcoaching). Es ändert sich damit nicht nur etwas in der Wahrnehmung der anderen, sondern auch in der eigenen. Schluss mit der grauen Maus!

Selbstcoaching

DER »GANG DER KÖNIGIN«

Werden Sie sichtbar durch Ihre Körperhaltung. Dazu gehört der aufrechte Gang, also sich nicht ducken, sich nicht verstecken, nicht stöckeln, nicht huschen wie ein Mäuschen, sondern aufrecht gehen, dabei die Schultern und den Kopf gerade halten. Üben Sie das zu Hause, auf der Straße, im Supermarkt. Gehen Sie aufrecht in einen Konferenzraum oder in ein Büro hinein, gehen Sie langsam, mit festem Schritt, heben Sie den Kopf, öffnen Sie den Blick. Schauen Sie die Menschen an. Wenn es Ihrem Naturell und Ihrer Stimmung entspricht, lächeln Sie (dann aber auch mit den Augen). Grüßen Sie. Üben Sie diesen Gang auch auf den Bürofluren oder wenn Sie durch die Eingangshalle oder die Kantine gehen. Das Ziel ist es zu »schreiten«. Eben wie eine souveräne Königin. Ich wette, dass sich dadurch etwas in Ihrer Sichtbarkeit verändert!

Lebenslust und Selbstachtung stärken

Wie werde ich meine Selbstzweifel los?

Vor einigen Monaten traf ich einen Mann, mit dem ich heute eine harmonische und liebevolle Beziehung habe und mit dem ich alt werden möchte. Bei meiner Arbeit werde ich vom Vorgesetzten und den Arbeitskollegen sehr geschätzt. Obwohl ich häufig Komplimente für meine Art und mein Aussehen erhalte, habe ich noch immer das Gefühl, nicht gut genug zu sein, und finde mich sogar oft hässlich. Meistens fühle ich mich, als steckte ich in einer schweren, engen Rüstung, die ich nur selten ablegen kann. Mit anderen Worten, ich habe mir, seit ich denken kann, immer gewünscht, mehr aus mir herauskommen zu können, nicht immer so kontrolliert, vernünftig zu sein und vor allem mich selbst nicht so kritisch zu beurteilen. Können Sie mir bitte sagen, wie ich es schaffe, loszulassen und meine Sicht auf die Dinge, vor allem auf mich selbst, zu ändern?

Johanna, 39

⇨ *Sabine Asgodom:* Sie schildern eins der ganz großen Lebensthemen von vielen Frauen: Ich bin nicht gut genug. Ich bin nicht schön genug. Ich wünsche mir mehr Freiheit, aber ich schaffe es nur selten, in die Freiheit auszubrechen. Wie kann ich mich nur ändern? Doch immer mehr Frauen werden klüger: Sie suchen sich Freundinnen, die schon frisch, fröhlich und frech sind. Und lernen mit denen zusammen Leichtigkeit, Lockerheit und Lachen. Mit Verbündeten geht es einfach leichter. Probieren Sie's aus!

Sich mit anderen Müttern zusammentun

Selbstverwirklichung – wie denn?

Ich habe einen neunjährigen Sohn. Als er zur Welt kam, gab ich meine leitende Position in einer Personalabteilung auf und konzentrierte mich eineinhalb Jahre auf mein Kind. Danach habe ich wieder einen 40-Prozent-Job gefunden. Ich arbeite nun in einer Gerichtskanzlei, aber dieser Job macht mich nicht glücklich. Ich habe mir mal vorgestellt, ich hätte drei Millionen Euro geerbt (wie in einer früheren Kolumne von Ihnen beschrieben), und mich gefragt, was ich dann machen würde. Eine Hilfsorganisation gründen, Bildungs-, Agrar- und Gesundheitsprojekte unterstützen und überall auf der Welt Menschen helfen – tja, das wäre ein Traum von mir. Mir fehlen die Spontaneität, meinen Bedürfnissen nachzugehen, die Unabhängigkeit und der nötige Freiraum. Da ich keine Eltern in der Nähe habe und die Nachbarsmütter ebenfalls arbeiten und sich nicht noch mehr aufbürden möchten, passe ich mich meist den Bedürfnissen meines Kindes an. Was raten Sie einer Familienfrau, die nicht aus ihrer Situation rauskann?

Anny, 46

⇨ *Sabine Asgodom:* Ich habe zwei Antworten für Sie – eine philosophische und eine praktische. Die philosophische soll Sie herausfordern, die praktische soll Sie ermutigen. Zur ersten: Mit Entscheidungen schaffen Sie Fakten. Sie haben sich für ein Kind entschieden. Ja, Sie zahlen einen Preis. (Welchen zahlt eigentlich Ihr Mann?) Wer Kinder hat, tut das, wer keine hat, auch. Eine Mutter, die Karriere macht und ihr Kind in die Betreuung gibt, zahlt ebenfalls einen Preis, genauso wie eine, die ganz zu Hause bleibt. Für mich heißt wahre Selbstverwirklichung, den Preis der Entscheidungen zu akzeptieren. Selbstverwirklichung ist das

Gegenteil von Opferhaltung: *Ich* bestimme meine Wirklichkeit. Nun zur praktischen Antwort: Ihre Kreativität ist gefragt. Könnten Sie sich nicht mit den berufstätigen Nachbarinnen zusammenschließen und mit der Nachmittagsbetreuung abwechseln? Wenn Sie vier Kinder gemeinsam beaufsichtigen, kommt jede Mutter einmal in der Woche dran. Das bedeutet vielleicht an diesem Tag Stress, aber es bedeutet eben auch drei freie Nachmittage für jede von Ihnen. Möglicherweise könnten Sie dann sogar 80 Prozent arbeiten oder eine Hilfsorganisation unterstützen. Noch eine Idee: Sie »opfern« drei Wochen Ihres Urlaubs, sagen Mann und Kind Ade und engagieren sich in einem internationalen Projekt. Wer weiß, was sich daraus ergibt? Eine weitere Anregung finden Sie im Selbstcoaching: eine Gelassenheitsübung, die Ihnen ein entspanntes »Ich lebe, wie ich will!« ins Herz zaubern soll.

Selbstcoaching

»WAHL«-ÜBUNG FÜR MEHR GELASSENHEIT

Kennen Sie das amerikanische Sprichwort »Love it, change it or leave it«? Ich habe es als »WAHL«-Übung eingedeutscht. 4 Schritte zur Gelassenheit können Ihnen helfen, sich mit Ihrer Lebenssituation auszusöhnen:

1. **Wahrnehmen:** »So ist es!« Schauen Sie sich die Gegebenheiten in Ihrem Leben genau an und notieren Sie ausführlich, was Sie mögen und was Sie stört.
2. **Akzeptieren:** »Na, dann ist es so!« Alles hat seinen Preis. Wenn Sie nichts ändern wollen oder können, nehmen Sie Ihr Leben an – zumindest zu diesem Zeitpunkt. Und lassen Sie sich die Option offen, später etwas zu verändern.
3. **Handeln:** »Es soll anders sein!« Verändern Sie, was Sie stört – sofern möglich. Dafür braucht man manchmal Mut. Aber denken Sie daran: Es ist Ihr Leben! Holen Sie sich, falls nötig, Unterstützung von anderen.
4. **Lieben:** »So ist es gut.« Wenn Sie etwas verändert haben und bereit sind, das Übrige zu akzeptieren, dient das Ihrer Gelassenheit. Ansonsten wissen Sie ja: Sie haben die WAHL.

Die eigene Leistung neu bewerten

Wie sehe ich, was ich geschafft habe?

Unsere drei Kinder halten mich auf Trab, 14, 11 und 8 Jahre sind sie alt. Dazu habe ich ein Haus und einen großen Garten zu versorgen. Ich finde tagsüber kaum Zeit zum Durchschnaufen. Aber abends habe ich oft das Gefühl, ich habe überhaupt nichts geschafft. Und ich frage mich selbst: Was habe ich eigentlich den ganzen Tag gemacht? Wenn mein Mann nach Hause kommt und fragt, wie mein Tag war, fällt mir oft gar nichts ein. Und ich möchte ihm auch nichts vorjammern, von wegen aufgeräumt, gewaschen, Mama-Taxi gespielt ... Wie schaffe ich es, aus dieser Unzufriedenheit herauszukommen?

Irmi, 42

⇨ *Sabine Asgodom:* Vielleicht beruhigt es Sie, dass sich auch berufstätige Frauen abends oft fragen: »Was habe ich eigentlich den ganzen Tag gemacht?« Sie haben sich so viel für den Tag vorgenommen, und dann kommen lauter Dinge dazwischen. Für Sie alle gibt es eine schöne Möglichkeit, sich darüber bewusst zu werden, was Sie alles so leisten: die Happy-Hour-Methode. Unter der Happy Hour versteht man ja die Zeit zwischen Arbeit und Abend, eine Zeit zum Zur-Ruhe-Kommen, Abschalten, Entspannen. Happy Hour muss aber nicht zwangsläufig mit Cocktails und Bars zusammenhängen. Schaffen Sie sich doch Ihre ganz persönliche Happy Hour. Sobald die Kinder im Bett oder in ihrem Zimmer sind, nehmen Sie sich mindestens eine Viertelstunde Zeit, um in Ruhe den Tag Revue passieren zu lassen: Was haben Sie alles getan, was ist passiert, worüber haben Sie sich gefreut, worüber geärgert, worauf sind Sie stolz? Vielleicht mögen Sie das sogar aufschreiben – so kann innerhalb von vier Wochen beispielsweise ein guter Überblick entstehen, was Sie alles so wuppen. Wenn Sie sich die Liste anschauen, fragen Sie sich wahrscheinlich nie mehr: »Was habe ich eigentlich den ganzen Tag gemacht?« Und laden Sie doch ab und zu Ihren Mann ein, die Happy Hour mit Ihnen zu teilen, kuscheln Sie sich aufs Sofa und erzählen Sie einander, was der Tag Ihnen gebracht hat.

Offener auf andere Leute zugehen

Ich wäre gern weniger schüchtern

Ich bin nach 17 Jahren Familienpause in meinen Beruf als Sachbearbeiterin zurückgekehrt. Ich habe auch eine tolle Stelle gefunden, mag mein Aufgabengebiet. Eins stört mich: Ich bin sehr schüchtern im Umgang mit Kollegen oder Kunden. Haben Sie einen Rat?

Magdalena, 41

⇨ *Sabine Asgodom:* Einen Rat habe ich, aber Sie werden ihn vielleicht nicht annehmen. Er heißt: Werden Sie erfolgreich schüchtern. Machen Sie sich zuerst einmal klar, dass Schüchternheit angeboren ist und dass die Natur gute Gründe hatte, Menschen mit dieser Anlage auf die Welt zu schicken. Schüchterne Menschen reagieren nämlich aufmerksam auf ihre Mitmenschen. Sie sind sensibel, feinfühlig, sie machen andere Menschen nicht nieder, sie suchen guten Kontakt, sie meiden Konflikte. Schüchterne Menschen um sich zu haben, ist ein wahrer Segen. Leider machen sie zu wenig aus ihren wertvollen Begabungen. Sie hal-

35

ten sich zurück. Ich habe als Redakteurin einmal einen Chef gehabt, der ständig rot geworden ist. Und wissen Sie, was er dagegen gemacht hat? Nichts! Er hat gewusst: »Jetzt werde ich gerade rot.« Also ist er rot geworden – und wenn Sie das machen und sonst nichts, wird das Rotwerden ohne Aufregung vorbeigehen. Treten Sie ein für das Recht auf Schüchternheit. 60 Prozent der Menschen sind von der Natur mit dieser charakterlichen Begabung ausgestattet worden, haben Wissenschaftler erforscht. Sie gehören dazu. Wunderbar. Überlassen Sie das Schicksal der Welt nicht länger den Aufdringlichen und Lauten. Wenn Sie in Einzelfällen besseren Kontakt zu anderen Menschen aufbauen wollen, empfehle ich Ihnen das »Lothar«-Prinzip. Denn Schüchterne müssen nicht einsam bleiben.

Selbstcoaching

KONTAKTE KNÜPFEN MIT »LOTHAR«

Fehlendes Vertrauen in die eigene Fähigkeit, auf Menschen zuzugehen, kann in den meisten Situationen durch diese sechs Strategien ausgeglichen werden:

L = Lächeln. Üben Sie öfter, Menschen anzulächeln.

O = Offen sein: im Kopf, im Herzen, aber auch in der Körperhaltung. Entspannt sitzen und die Arme und Beine nicht übereinanderschlagen, schon das ermutigt Menschen, den ersten Kontakt zu machen.

T = Touch. Berühren Sie andere Menschen ruhig einmal am Arm oder am Ärmel, wenn Sie mit ihnen reden.

H = Hinwenden. Kriechen Sie nicht in die Rückenlehne Ihres Sessels, wenn Sie mit Menschen sprechen. Beugen Sie sich zu ihnen vor.

A = Anschauen. Andere Menschen tun sich leichter, wenn sie beim Gespräch ab und zu Blickkontakt mit Ihnen haben.

R = Reagieren. Wer etwas sagt, freut sich über Bestätigung: ein Nicken, eine Antwort oder auch nur eine Frage – das hält Kontakt.

Zwei Experten um ihre Meinung bitten

Ist meine Idee wirtschaftlich tragbar?

Ich wohne in Hamburg, bin geschieden, habe einen neuen Partner und zwei Söhne, wobei der eine noch zu Hause wohnt. Wir leben in einer kleinen (nicht abbezahlten) Eigentumswohnung. Ferner habe ich zwei Ferienapartments an der Ostsee, die ich ab und zu privat an Freunde vermiete. Nach 20 Jahren werde ich Ende des Jahres meinen Arbeitsplatz verlieren, da meine Firma umstrukturiert wird und meine Stelle wegfällt. Durch eine Erbschaft und die zu erwartende Abfindung bin ich in der glücklichen Lage, etwas Geld in der Hand zu haben, um meine Zukunft neu zu planen. Gern würde ich in Lübeck ein Häuschen erwerben – für ein Bed & Breakfast. Dazu kämen die Einnahmen aus den Ferienwohnungen, in denen es auch maritime Dekoartikel zu kaufen gibt, die ich vielleicht irgendwann zusätzlich in einem Onlineshop anbieten könnte. Die Hamburger Wohnung würde ich erst mal vermieten. Das wäre mein Traum, denn damit wäre ich zeitlich flexibel und nicht mehr von der willkürlichen Entscheidung diverser Manager abhängig. Ist die Idee es wert, umgesetzt zu werden?

Ulrike, 48

⇨ *Sabine Asgodom:* Eigentlich dürften Sie mich in Geldangelegenheiten nicht um Rat fragen, denn ich bin in diesen Dingen lockerer und mutiger als viele Menschen, die ich kenne. Sie werden also keine klugen Ratschläge hören wie »Überlegen Sie jeden Schritt mindestens zweimal«. Fragen Sie sich am besten selbst: »Ist meine Lebensplanung vielleicht zu kompliziert?«und »Habe ich wirklich alles bedacht?«. Und da man nie alles bedenken und sich nie vor allem schützen kann, würde ich erst mal einen Plan machen. Rechnen Sie das Ganze durch, und danach gehen

Sie zur Bank Ihres Vertrauens und fragen, wie viel Kredit Sie bekommen würden. Dann rechnen die Spezialisten für Sie. Das kann eine Zeit dauern, und diese Zeit sollten Sie nutzen und zum Beispiel einen klugen Lübecker Banker bitten, sich die Sache ebenfalls anzugucken und ein Angebot zu machen. Sie sind anschließend in der komfortablen Lage zu vergleichen, was zwei voneinander unabhängige Experten von Ihren Ideen halten. Viel Freude wünsche ich Ihnen beim Prüfen der Angebote, die Sie bekommen werden.

Sich selbst mit Wertschätzung behandeln

Wie schaffe ich es, gesünder zu leben?

Vor einigen Jahren wurde bei mir eine Immunschwächekrankheit festgestellt, die mit der Schilddrüse zu tun hat. Wenn ich regelmäßig meine Medikamente nehme und gesund lebe, kann ich ganz gut damit klarkommen. Aber ich schaffe es nicht, mich gut um mich selbst zu kümmern. Ich habe eine große Familie, bin selbstständig, habe viel zu tun und zu wenig Zeit für mich selbst. Und ich merke, wie die Krankheit mich immer stärker im Griff hat. Dies ist ein Hilferuf!

Magda, 47

⇨ *Sabine Asgodom:* Das klingt wirklich dringend. Ich möchte überhaupt nicht darüber spekulieren, warum Sie Ihre eigene Gesundheit geringer schätzen als das Wohl der anderen. Spontan würde ich Ihnen raten, suchen Sie sich jemanden, mit dem Sie offen darüber sprechen können. Das kann ein Arzt sein, eine Therapeutin oder ein Coach. Ich kann mir vorstellen, dass Sie jemanden brauchen, der Sie langfristig dabei unterstützt, wichtige Änderungen in Ihrem Leben vorzunehmen. Dazu fällt mir eine Übung ein, die ich erst vor Kurzem von einem Kollegen gelernt habe – das »Gesundheitsbild«. Diese Übung möchte ich Ihnen gern vorstellen, mit ihr bekommt man Ansätze zum Selbstcoaching. Und vielleicht hilft sie Ihnen, mehr Klarheit über das weitere Vorgehen zu gewinnen.

Selbstcoaching

GESUNDHEITSBILD

- Suchen Sie sich in einem Raum eine Stelle, an der Sie Ihr Ziel »Gesundheit« mit einem Zettel markieren.
- Bewegen Sie sich dann von dieser Stelle weg und suchen Sie den Abstand, den Sie derzeit zu Ihrer gesundheitlichen Situation haben.
- Stellen Sie sich dort hin und horchen Sie in sich hinein: Gibt es Hindernisse zwischen Ihrem jetzigen Standort und der Gesundheit?
- Was brauchen Sie, um diese Hindernisse zu überwinden? Welche Lösungen in Richtung Gesundheit sind möglich?
- Schreiben Sie auf, welche Erkenntnisse Sie aus dieser Übung gewonnen haben. Was könnte Ihnen helfen, mehr für Ihre Gesundheit zu tun? Und überlegen Sie erste kleine Schritte.

(Nach Dr. Harry Merl, Österreich)

Das Verhalten mal auf den Kopf stellen

Wie werde ich eine entspannte Fahrerin?

Ich hoffe, Sie können mir helfen. Ich bin eine schreckliche Autofahrerin. Also, an sich fahre ich sehr gut, bin auch rund 35 000 Kilometer im Jahr unterwegs, aber leider total ungeduldig. Ich kann mich einfach nicht beherrschen, kommentiere andere Fahrer, die mir in die Quere kommen, lasse niemanden sich einfädeln und hupe, wenn jemand zu langsam einparkt. Einem selbst fällt das ja oft gar nicht auf, aber wenn ich Leute mitnehme, führt das häufig zu sehr unangenehmen Gesprächen. Neulich zum Beispiel hatte ich auf dem Weg zu einem Kunden-Meeting zwei Kollegen im Auto, die ich beim Fahren völlig vergaß. Wir waren spät dran, und ich tat, was ich immer tue, bis mich der eine irgendwann mit befremdetem Gesichtsausdruck fragte, woher meine Aggressionen kämen und ob ich Stress hätte. Der andere warf grinsend das Wort »Killerinstinkt« ein. Das erinnerte mich an eine Frage meiner Tochter vor rund 15 Jahren, die mit Blick auf den Wagen neben uns fragte: »Mama, ist dieser Mann auch ein A...?« Ich will wirklich etwas verändern. Haben Sie einen Tipp?

Mechthild, 47

⇨ *Sabine Asgodom:* Puh, Sie haben Wünsche! Zunächst mal: Ja, ich glaube, Menschen können etwas an sich verändern, wenn die Schmerzgrenze erreicht ist. Ich weiß aber nicht, ob das Erlebnis mit den Kollegen in Ihrem Fall schon reicht. Ich bin keine Psychologin und möchte mit Ihnen auch nicht erforschen, welche frühkindliche Prägung zugrunde liegt. (Ist Ihr Vater auch so gefahren?) Ich habe nur eine Idee, die Sie vielleicht mal ausprobieren wollen. Machen Sie an zwei aufeinanderfolgenden Tagen jeweils einen Test: Am ersten Tag fahren Sie wie immer zur Arbeit, geben Gas, drängeln, sind egoistisch und schimpfen, was das

Zeug hält. Bitte stoppen Sie die Zeit: Wie lange brauchen Sie? Und schreiben Sie in ein paar Sätzen auf, wie Ihr Körper reagiert hat und wie es Ihnen insgesamt geht. Am nächsten Tag stellen Sie Ihr Verhalten mal auf den Kopf: möglichst entspannt bleiben, jedes Auto aus einer Seitenstraße einbiegen lassen, geduldig warten, wenn jemand einparkt, freundlich Fußgänger über die Straße winken. Stoppen Sie wieder die Zeit und schreiben Sie nach der Fahrt auf, wie Ihnen zumute ist. Sie können diese kleine Versuchsreihe auch gern öfter wiederholen. Danach entscheiden Sie, wie Sie die nächsten 40 Jahre Auto fahren wollen. Es geht um Ihr Wohlgefühl – und Ihr Leben. Wollen Sie früher losfahren, damit Sie nicht so unter Zeitdruck stehen? Wollen Sie weiterschimpfen, weil es Ihnen guttut? Dann lassen Sie sich von dem Buch meines Kollegen Dr. Matthias Nöllke bestärken: »Ich will mich aber aufregen!«. Aber kommen Sie mir nicht in die Quere!

Nachspüren, was sich besser anfühlt

Welche Wohnung soll ich nehmen?

Ich muss in absehbarer Zeit aus meiner jetzigen Wohnung raus, der Vermieter hat Eigenbedarf angekündigt. Ich habe nun zwei Alternativen angeboten bekommen und muss mich für eine entscheiden. Ich finde das total schwer. Die eine ist etwas größer (89 Quadratmeter), hat hohe Räume, viel Licht, aber ein altes Bad. Auch die Küche müsste ich neu machen. Die andere ist zehn Quadratmeter kleiner, doch irgendwie kuscheliger. Die Zimmer sind dunkler, dafür ist eine neue Küche drin. Am liebsten würde ich Sie einladen, mit mir die Wohnungen anzuschauen, aber das ist natürlich Spinnerei. Haben Sie trotzdem einen Impuls für mich?

Magda, 51

⇨ **Sabine Asgodom:** Ihr Vertrauen ehrt mich. Einen Impuls wollen Sie? Vielleicht hilft Ihnen dies: Setzen Sie sich für eine halbe Stunde irgendwo bequem hin. Schließen Sie die Augen und lassen Sie folgende Bilder entstehen, einmal in der einen, einmal in der anderen Wohnung:

1. Sie kochen was Leckeres in der Küche und freuen sich auf Gäste.
2. Sie verwöhnen sich im Bad mit einer besonderen Pflege.
3. Sie haben Lust auf einen faulen Abend – auf der Couch liegen, lesen, was Feines trinken …

Spüren Sie nach, in welcher Wohnung Ihnen in welcher Situation wohler zumute wäre. Meine Erfahrung: Es gibt ein Körperwissen, das den Verstand und die Emotionen ergänzen kann. Unser Körper sendet Reaktionen, wenn wir uns in etwas hineinfühlen. Bei anrührenden Geschichten bekommen wir zum Beispiel eine Gänsehaut. Ich denke, Ihr Bauchgefühl kann Ihnen weiterhelfen.

Beruflich einen Neustart wagen

Was hilft mir raus aus meinem Jobtief?

Ich bin als Kundenberaterin bei einer Bank in ungekündigter Stellung. Der Vertriebsdruck macht mir zunehmend zu schaffen, und es gelingt mir immer weniger, mich davon frei zu machen. Mehrfach habe ich in meinem Berufsleben bereits die Stelle gewechselt (ca. alle fünf Jahre), und nun ist es wieder so weit, dass ich das Gefühl habe, nicht mehr am richtigen Platz zu sein. Im Grunde genommen glaube ich, dass ich einfach den falschen Beruf ergriffen habe. Der Umgang mit Menschen macht mir ausgesprochen viel Freude, aber ich komme mit dem Druck nicht zurecht. Zudem finde ich meine Arbeit auch ziemlich sinnlos – als ob es nichts Wichtigeres im Leben gäbe, als die höchstmögliche Rendite für eine Anlage zu erzielen! Ich hab sogar schon daran gedacht, einen neuen Beruf zu erlernen, aber welchen? Und wie soll ich das finanzieren? Ich bin geschieden und habe einen Sohn, der noch studiert. Können Sie mir vielleicht Tipps geben, wie ich aus dieser Situation rauskomme und wieder mehr Spaß im Job haben kann?

Cornelia, 49

⇨ *Sabine Asgodom:* Frauen stellen sich zwischen 40 und 50 häufig die Frage, wie sie wieder Schwung in ihr Leben bringen können. Einigen reicht eine neue Frisur, manche schauen sich plötzlich nach anderen Männern um, und viele spüren, dass sie ihre Arbeit nicht mehr ausfüllt. 49 ist ein sehr gutes Alter, um sich neu zu orientieren. Sie werden vielleicht denken: Warum gerade 49? Sie sind alt genug, um auf Erfahrungen und Erfolge zurückzublicken. Ihr Kind ist bereits groß. Sie sind jung genug, um noch einmal etwas völlig Neues zu wagen. Fangen wir mit den ganz praktischen Sachen an: Haben Sie Ihren Sohn schon über Ihre Situation ins Vertrauen gezogen? Ihm Ihre Sehnsucht nach etwas anderem zu schildern, könnte für ihn ein Ansporn sein, sich im Studium ein bisschen zu sputen, damit seine Mutter mehr Handlungsfreiheit bekommt. Oder mehr dazu beizutragen, seinen Lebensunterhalt selbst zu verdienen (ich nehme an, er bekommt BAföG). Dann stellt sich die Frage: Was wollen Sie lieber machen, als Geld zu vermehren? Es gibt mehrere Methoden, um auf Ideen zu kommen, wie Sie Ihr Leben in eine neue Richtung drehen. Eine finden Sie in der Selbstcoaching-Übung. Da Ihnen der Umgang mit Menschen Freude macht – überlegen Sie doch mal, wen Sie kennen, der so etwas Ähnliches macht, wie Sie es sich vorstellen. Und denken und spinnen Sie das Thema einfach weiter. Ich schicke Ihnen eine große Ladung Mut – schwups! Angekommen?

Selbstcoaching

FUNDAMENT DER ZUKUNFT: DIE RESSOURCEN-METHODE

Wer sich beruflich verändern will, aber noch nicht weiß, wo's hingehen soll, dem empfehle ich die Ressourcen-Methode: Sie nehmen ein grooooßes Blatt Papier und falten es längs. Klappen Sie die rechte Seite nach hinten. Vorn schreiben Sie alles drauf, was Sie in Ihrem bisherigen Leben gelernt und geleistet haben – Fähigkeiten, Herausforderungen, Erfolge … Ungeordnet und unstrukturiert, eine bunte Sammlung von »kann ich« und »hab ich gemacht« – egal ob in Ihrer Arbeit oder auf einem anderen Gebiet, z. B. in der Familie, bei Freunden, im Ehrenamt …

Wenn die Seite vollgeschrieben ist, klappen Sie die rechte Seite wieder aus, schauen sich die Sammlung links an und schreiben dann auf die rechte Seite Ideen, was ein Mensch mit solchen Fähigkeiten beruflich tun könnte. Genauso ungeordnet und genauso unstrukturiert.

Das Blatt hängen Sie gut sichtbar in Ihrer Wohnung auf und notieren weitere Einfälle, die daraus entstehen. Klappen Sie die rechte Seite zwischendurch immer wieder mal weg, damit neue Impulse entstehen. Damit verhindern Sie, dass Ihre Gedanken zu schnell in starre Bahnen gelenkt werden. Die Methode ist eine wunderbare Möglichkeit, dass aus dem Schatz Ihres Wissens und Ihrer Erfahrung Ihre wahren Talente erkennbar werden und Ideen aufploppen, in welchem Beruf Sie diese umsetzen könnten.

Als Mutter vom erwachsenen Kind abnabeln

Wie kann ich meinem Sohn helfen?

Ich weiß nicht, ob Sie mir einen Rat geben können. Was mich am meisten belastet, ist mein Sohn. Er ist 34 und von Beruf – nichts. Er hat Biologie studiert und ist immer noch nicht fertig. Er jobbt in einem Sportwettencafé und hat eine geschiedene Freundin mit drei Kindern. Mit der Frau komme ich nicht klar, sie weiß alles besser und bestimmt alles. Mein Sohn ist nicht dumm, sehr gut erzogen und hat vor fünf Jahren von seinem Vater geerbt. Ich bin vor zwei Jahren mit meinem jetzigen Mann in meine Heimat Österreich gezogen, aber trotz des räumlichen Abstands bereitet mir mein Sohn schlaflose Nächte. Ich würde mir so sehr wünschen, dass er von dieser Frau loskommt! Er kann mich nicht besuchen, seine Entschuldigung: Er muss mit den Kindern Hausaufgaben machen, er muss sie zum Arzt fahren und so weiter. Er muss doch auch auf sich schauen! Wenn es nur eine Lösung geben würde …

Christiane, 62

⇨ *Sabine Asgodom:* Als Mutter kann ich mir vorstellen, wie schwer es ist zuzuschauen, wenn es den eigenen Kindern – vermeintlich – nicht gut geht. Manchmal müssen sich nicht nur die Kinder von den Eltern abnabeln, sondern vor allem wir Mütter auch von unseren Kindern. Als Coach möchte ich Ihnen keinen Rat, aber ein paar Denkanstöße geben: Nach Ihrem Brief zu urteilen, geht es Ihrem Sohn nicht schlecht. Sie spielen in seinem Leben offenbar nur noch eine kleine Rolle. Kann es sein, dass Sie mehr Mitleid mit sich selbst haben? Dass Sie sich Ihr Alter anders vorgestellt haben, dass die derzeitige Situation weit von Ihrem Idealbild einer glücklichen Familie abweicht? Meine Erfahrung: Ihren Sohn können Sie nicht ändern, die Schwiegertochter schon gar nicht. Sie können nur in Ihrem eigenen Leben für mehr Freude sorgen. Womit füllen Sie Ihren Tag, wie machen Sie sich und Ihrem Mann das Leben schön? Haben Sie Freunde in der alten Heimat (wieder)gefunden? Was macht Sie zufrieden? Ich bin sicher, wenn Sie mehr Energie in die Gestaltung Ihres Lebens investieren als ins Grübeln über Ihren Sohn, wird die Sonne heller scheinen.

Die eigenen Stärken sehen und würdigen

Was stärkt das Ego meiner Schwester?

Meine »kleine« Schwester ist 37, hat einen liebevollen Mann, zwei wunderbare Mädchen, ein schönes Haus, aber sie besitzt so wenig Selbstvertrauen, dass ich manchmal verzweifeln könnte. Sie hat bald nach der Ausbildung zur Medizinisch-technischen Assistentin geheiratet und ihren Beruf aufgegeben. Seither ist sie eine hingebungsvolle Mutter, kocht hervorragend, hat den schönsten Garten der Straße und stärkt ihrem Mann den Rücken. Aber im Gespräch mit mir und anderen tut sie so, als wäre das alles nichts. Das schmerzt mich. Sie bewundert mich, die ich immer berufstätig war. Ich würde ihr so gern helfen, damit sie sieht, wie großartig sie ist.

Marianne, 43

⇨ *Sabine Asgodom:* So eine große Schwester wie Sie hätte ich auch gern gehabt (ich hatte nur drei große Brüder, hartes Schicksal). Ich beobachte auch, dass junge Frauen nicht unbedingt selbstbewusster sind, als ich es beispielsweise gewesen bin (und ich bin ein Fünfziger-Jahrgang). Ich bin noch mit Poesiealbum-Sprüchen aufgewachsen wie »Wandle stets auf Rosen, auf immer grüner Au, bis einer kommt in Hosen und nimmt dich dann zur Frau.« Ich habe zwei einfache Ideen, wie Sie Ihrer Schwester helfen können. Einmal die Selbstcoaching-Übung, die zeigt, was Hausfrauen und Mütter alles leisten. Und zum anderen könnten Sie ihr eine schöne Glasschale und dazu viele bunte Glasperlen schenken. Jeden Abend kann sich Ihre Schwester kurz bewusst werden: »Was ist mir heute gut gelungen?« Für jede Erinnerung legt sie einen bunten Glasstein in die Schale. Nach vier Wochen können Sie ja mal gemeinsam nachschauen und sich über ihre Fähigkeiten unterhalten.

Selbstcoaching

VON DER HAUSFRAU ZUR FAMILIENMANAGERIN

Für Frauen, die wenig Selbstbewusstsein als Hausfrau haben oder die nach längerer Familienpause wieder ins Berufsleben einsteigen wollen, hier ein paar Denkanstöße:

Sie haben in den letzten zehn oder 15 Jahren Erfahrung gesammelt als

- Organisationsmanagerin
- Logistikmanagerin
- Einkäuferin
- Erzieherin
- Krankenschwester
- Coach
- Buchhalterin
- Seelsorgerin
- Eventmanagerin
- Reparaturservice
- Kommunikationstrainerin
- Ernährungsexpertin
- Hausmeisterin

- Geschenkspezialistin
- Reisemanagerin
- Aufsichtsrätin
- Wünscheerfüllerin

Sie lächeln? Prima. Aber es stimmt doch!

Neue Träume zulassen und umsetzen

Wie finde ich zurück ins Leben?

35 Jahre lang war ich Hausfrau und Mutter, habe auf meine Familie Rücksicht genommen und mich um alle und alles gekümmert. Meine drei Kinder sind längst aus dem Haus, leben zum Teil im Ausland und kommen mich nur sehr selten besuchen. Mein Mann ist bereits vor zwei Jahren gestorben, und ich sitze jetzt meist allein zu Hause und weiß nichts mit mir anzufangen. Bridge-Runden mit Freundinnen oder Rentner-Wassergymnastik interessieren mich nicht. Und ich finde auch keine Erfüllung mehr im Marmelade-Einkochen oder der Pflege der Blumenrabatten. Das kann doch noch nicht alles in meinem Leben gewesen sein? Ich erhoffe mir von Ihnen Impulse, die mich ins Leben zurückbringen.

Gisela, 57

⇨ *Sabine Asgodom:* Ich versuche mich in Sie hineinzuversetzen. Was jahrzehntelang Ihre Stärke war, nämlich sich für andere zu engagieren, hat plötzlich keine »Bühne« mehr. Und ich kann verstehen, dass der wöchentliche Friseurbesuch nicht der Höhepunkt Ihrer sozialen Kontakte sein soll. Würden Sie mir im Coaching gegenübersitzen, würde ich mit Ihnen daran arbeiten, wie ein Goldgräber unter den verwitterten Steinschichten des »Ich tue alles für andere« die Goldader Ihrer eigenen Wünsche und Bedürfnisse zu entdecken.

- Welche Sehnsüchte sind da verborgen, die es zu erkennen gilt?
- Was haben Sie sich (früher) immer mal gewünscht?
- Was hat Ihnen in Ihrer Jugend großen Spaß gemacht?
- Welche Schätze/Fähigkeiten wollen gehoben werden?

Wenn Sie diese Fragen für sich beantwortet haben, können Sie Strategien erarbeiten, wie sich diese »Gold-Nuggets« der Sehnsucht in ein erfülltes Leben umwandeln lassen, in Lebensfreude und Sinn. Oder Sie erstellen Ihre eigene »Löffel-Liste« mit konkreten Vorhaben. Wie das geht, lesen Sie in der Selbstcoaching-Übung auf der nächsten Seite. Haben Sie Ihre Wünsche formuliert, überlegen Sie: Was wollen Sie davon als Erstes umsetzen? Wer kann Ihnen dabei helfen? Ich bin sicher: So können Sie sich die Welt da draußen zurückerobern.

Selbstcoaching

DAS BESTE KOMMT ZUM SCHLUSS

Kennen Sie den Film »Das Beste kommt zum Schluss«? Darin stellen zwei von einer Krankheit gezeichnete Männer eine Liste auf mit Wünschen, was sie in ihrem Leben noch machen wollen, bevor sie »den Löffel abgeben müssen«. Und dann verwirklichen sie mit der Hilfe des anderen einen Wunsch nach dem anderen. Ein anrührender Film.

Ich kann mir vorstellen, dass es Ihnen Spaß machen könnte, Ihre eigene »Löffel-Liste« zusammenzustellen. Also sammeln Sie alles, was Sie in Ihrem Leben noch machen/erreichen/wagen wollen. Eine solche Liste könnte so ähnlich aussehen:

1. Einmal nach Paris fahren.
2. Einen Tango-Kurs machen.
3. Meinen Kindern sagen, was ich mir von ihnen wünsche.
4. Noch einmal verliebt sein.
5. Etwas Abenteuerliches erleben.
6. Die Clique aus meiner Schulzeit wiedersehen.
7. Reiten lernen.
8. Eine Bilderausstellung haben.
9. Einmal Pink im Konzert erleben.
10. Mit den Enkeln Euro-Disney besuchen.

11. Meiner Ex-Schwägerin mal richtig die Meinung sagen.
12. Mich bei X entschuldigen.
13. Bergsteigen.
14. Gesangsstunden nehmen.
15. ...
16.,17.,18.,19., 20. ...

Schreiben Sie alles auf, was Ihnen einfällt, mag es auch noch so utopisch klingen. Und erst dann entscheiden Sie, welches Projekt Sie wirklich als Erstes ansteuern möchten.

Gelassen und positiv in die Zukunft blicken

Was hilft gegen meine Verunsicherung?

Was raten Sie als Coach Menschen, damit sie mit ihren Zukunftsängsten besser fertigwerden? Wenn ich Fernsehen schaue, bekomme ich immer mehr Angst vor dem, was auf uns zukommt – die Europa-Krise, die Flüchtlingskrise, die Umverteilungskrise. Ich arbeite bei einem großen Konzern und habe längst das Gefühl der Sicherheit verloren. Es kann jederzeit sein, dass meine Abteilung wegrationalisiert wird. Wir haben zwei Kinder in der Pubertät, deshalb ist meine Frau zu Hause (ich blättere übrigens immer interessiert in der DONNA, die meine Frau abonniert hat).

Clemens, 52

⇨ *Sabine Asgodom:* Ich rate: Augen auf und durch! Ja, die Welt, unser Leben werden sich verändern. Die einzige Frage ist, wie wir damit umgehen. Wenn Sie mir jetzt in einem Coaching gegenübersitzen würden, würde ich Sie bitten, sich ein Blatt Papier und einen Stift zu nehmen und als Überschrift zu notieren: »Worauf könnte ich verzichten – und worauf nicht?« (siehe auch die Selbstcoaching-Übung). Spannender wäre es noch, dies zusammen mit Ihrer Frau zu machen. Und ehrlich: Wenn ich Sie wäre, würde ich mit ihr besprechen, wann sie wieder ins Berufsleben einsteigen kann, damit die Last nicht nur auf Ihren Schultern ruht.

Selbstcoaching

DIE »WAS IST WIRKLICH WICHTIG«-ÜBUNG

Dies ist eine kleine, feine Übung gegen Zukunftsängste. Nehmen Sie sich bitte ein Blatt Papier und einen Stift und schreiben Sie als Überschrift: »Worauf könnte ich in meinem Leben verzichten?« Notieren Sie, was Ihnen dazu einfällt.

Und jetzt schreiben Sie darunter: »Worauf nicht?«

Wir sind gegen Veränderungen nicht gefeit. Wichtig ist, wie wir darauf vorbereitet sind. Lassen Sie sich nicht einreden, dass ein Leben ohne Sushi und Caipirinha keine Perspektive sei. Glauben Sie daran, dass es ein Leben ohne Flachbildfernseher und Spielekonsole, ohne Surfkurs und Malediven-Urlaub gibt.

Es gilt eine Lebensweise zu erobern, an die sich viele Ältere noch erinnern. Die aber nicht unbedingt schlechter sein muss. Fragen Sie Großeltern, Tanten und Onkel:

- Wie war das damals, als ihr jung wart?
- Welche Rolle spielten Gemeinschaft, Unterstützung, Zusammenhalt?
- Woran hattet ihr Freude?

Sich selbst mit liebevollem Blick sehen

Wie lerne ich, mich wieder zu mögen?

Bitte lachen Sie mich nicht aus. Meine Frage klingt vielleicht einfach albern. Aber ich habe Probleme mit dem Älterwerden. Ich bin gesund, habe mich immer sehr gepflegt, bin auch sportlich und aktiv. Aber jetzt, da ich auf die 60 zugehe, leide ich darunter, dass ich im Gesicht und am Hals immer mehr Falten bekomme, meine Hände beginnen »alt« auszusehen (sie erinnern mich an die Hände meiner Großmutter). Ich komme mit diesen Veränderungen nur ganz schlecht zurecht, obwohl mir natürlich klar ist, dass sie normal sind. Ich denke überhaupt nicht an Operationen oder so was. Ich würde mich nur gern wieder mehr mögen.

Agnes, 58

⇨ *Sabine Asgodom:* Die Frage ist überhaupt nicht albern. Sie gefällt mir sogar gut, weil sie sicher mehr Menschen beschäftigt, als Sie denken. Ich erlebe bei Frauen oft, dass sie sich nicht mögen. Das kann wegen des Alters sein, oder weil sie ein paar Kilo zu viel haben oder ihnen ihr Po oder Busen nicht gefällt. Diese »Störung« überschattet alles andere, was die Persönlichkeit ausmacht. Die Body-Shop-Gründerin Anita Roddick hat dazu mal gesagt: »Ich weiß von jeder Falte, wie sie entstanden ist: Diese bedeutet ›Mutter zu wenig widersprochen‹. Diese kommt von den schlaflosen Nächten, in denen ich auf die Kinder gewartet habe. Diese heißt, dass ich mich nicht genug um mich selbst gekümmert habe. Und die kommt von zu vielen Sorgen, die ich mir um die Firma gemacht habe.« Durch diese liebevolle Erklärung hat sie sich mit ihren Falten versöhnt. Ich habe hier noch eine Selbstcoaching-Übung für Sie: Machen Sie Ihre private

»Tortenschlacht«. Fragen Sie in Ihrer Familie, in Ihrem Freundeskreis, was die anderen an Ihnen schätzen. Machen Sie sich eine lange Liste von allen Antworten. Und schauen Sie dann, in welchem Verhältnis die Zeichen des Älterwerdens dazu stehen.

Selbstcoaching

DIE TORTENSCHLACHT

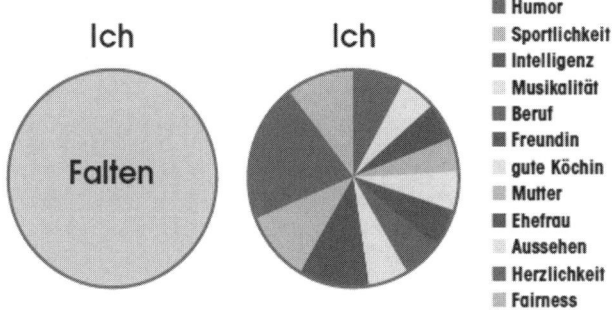

Wenn wir uns nicht wohlfühlen, sehen wir oft nur noch den »Makel«, der alles andere Gute überdeckt (siehe linker Kreis). Um aus der einseitigen Sichtweise wieder herauszukommen, macht es Sinn, die ganze »Torte« anzuschauen (siehe rechter Kreis). Was macht unsere Persönlichkeit aus? Das sind viele kleine, wunderbare Stücke. Ja, und ein kleines Stück davon ist vielleicht der vermeintliche Makel. Er ist ein Teil von uns – aber er bestimmt unser Leben nicht.

Es mit einem neuen Sport versuchen

Muss ich unbedingt Joggen gehen?

Alle meine Freunde sind nur noch am Laufen, zehn Kilometer, Halbmarathon, Marathon. Und sie reden ständig auf mich ein, dass ich auch etwas für meine Fitness tun müsse. Doch ich hasse Laufen. Joggen finde ich so was von öde. Schauen Sie mal in die unfrohen Gesichter der Leute. Das ständige Gerede von Fitness und Gesundheit verunsichert mich allerdings. Liebe Frau Asgodom, bitte stärken Sie meine Abwehrkraft.

Verena, 39

⇨ *Sabine Asgodom:* Ich sage seit vielen Jahren: »Man kann sich auch dagegen entscheiden, Sport zu machen.« Und dazu stehe ich. Wobei Bewegung an sich ja nicht so schlecht ist. Aber warum muss es Joggen sein? Es gibt andere Dinge, die Ihnen vielleicht mehr Spaß machen: Wie wäre es zum Beispiel mit Tanzen? (Ich kann drei Stunden durchtanzen, aber ich kann keine 100 Meter joggen.) Dazu zählen alle Arten, sich zur Musik zu bewegen: Bollywood Dance, African Dance, Zumba. Oder wie sieht's mit Sportarten aus, bei denen man andere besiegen kann (Stichwort: Killerinstinkt)? Vielleicht hilft Ihnen Ihr Ehrgeiz, sich zu bewegen – etwa beim Tischtennis, Tennis oder Beachvolleyball. Und schon ein zweistündiger Spaziergang mit der besten Freundin, bei dem man übers Quatschen die Zeit vergisst, ist besser, als zwei Stunden auf dem Sofa zu hocken (meistens jedenfalls). Spaß ist der beste Motor für Bewegung. Also finden Sie Ihren Spaß-Antreiber heraus.

Gute Vorsätze wahr machen

Wie mache ich endlich mehr Sport?

Seit Längerem möchte ich eigentlich mehr Sport machen, ich weiß aber nicht, welchen. Früher bin ich viel geschwommen, aber wir haben kein schönes Schwimmbad in der Nähe. Laufen finde ich zu langweilig. Skifahren geht nur im Urlaub. Haben Sie eine Idee für mich?

Anne, 51

⇨ *Sabine Asgodom:* Wollen Sie eigentlich mehr Sport machen oder tatsächlich? Das »eigentlich« könnte eine unüberwindbare Hürde sein. Ich kenne das. Bei einem Umzug vor zwei Jahren habe ich sieben Sport-Outfits in den Tiefen meines Kleiderschranks gefunden. Immer wenn ich eigentlich mehr Sport machen wollte, hatte ich mir erst einmal neue Klamotten gekauft. Damit war dann aber leider auch jedes Mal die Energie verpufft. Falls Sie Ihren Sportwunsch wirklich anpacken wollen, hilft Ihnen das kleine Entscheidungsspiel im Selbstcoaching. Und noch besser: Vielleicht gibt es nette Menschen in Ihrer Umgebung, die sich bereit erklären würden, Sie zu ihrem Sport mitzunehmen. Denn gemeinsam geht es oft viel besser und macht mehr Spaß.

Selbstcoaching

ENTSCHEIDUNGSHILFE

Sie würden tatsächlich gern mehr Sport machen, wissen aber nicht, welchen? Dann kommen Sie Ihren Wünschen mit dieser Alternativ-Liste auf die Spur.

Vergleichen Sie immer die nebeneinanderstehenden Begriffe und streichen Sie jeweils einen weg. Was Sie bevorzugen, bleibt stehen.

Allein	In der Gruppe
Drinnen	Draußen
Ausdauer	Muskelaufbau
Spiel	Training
Mit Geräten	Ohne Geräte
Spaß	Ehrgeiz
Ab und zu	Regelmäßig
Allein	Mit Trainer
Fitnessstudio	Verein
Locker	Diszipliniert
Mannschaftssport	Einzelkämpfer
Quälen	Genießen

Jetzt vergleichen Sie so lange weiter, bis nur noch drei Begriffe übrig sind. Suchen Sie zu diesen Begriffen dann die passende Sportart.

Die richtige Lösung für sich finden

Muss ich meinen runden Geburtstag mit allen feiern?

Ich werde in wenigen Monaten 50. Ich habe einen großen Freundeskreis, außerdem habe ich sehr nette Kollegen und Kolleginnen, die mich auch zum Teil privat einladen. Ich war immer davon ausgegangen, ein großes Fest an diesem runden Geburtstag zu feiern. Aber je näher der Termin rückt, umso mehr graut mir davor. Mein Mann meint, ich müsse eine Party machen, weil wir auch ständig auf Geburtstage eingeladen werden. Meine Tochter rät mir, lieber das Geld zu nehmen und an dem Termin mit der Familie in Urlaub zu fahren. Ich weiß nicht, was ich machen soll. Haben Sie einen Tipp für mich?

Angelika, 49

⇨ *Sabine Asgodom:* Da fragen Sie die Richtige. An meinem 50. Geburtstag hatte ich 120 Gäste eingeladen (und die sind auch alle gekommen!). Und es war eine coole Party, mit klasse Catering und DJ. Wir haben bis morgens um vier getanzt. Hat mich natürlich eine Stange Geld gekostet, war es aber wert. Zu meinem 60. hatte ich überhaupt keine Lust zu feiern, habe das veranschlagte Geld genommen, Urlaub in der Provence gemacht und mir dort ein eigenes Parfum kreieren lassen. So, was kann ich Ihnen jetzt für Tipps geben?

1. Es ist Ihr Geburtstag, und er wird so gefeiert, wie Sie sich das wünschen!
2. Was sagt Ihr Herz? Würden Sie vielleicht schon gern feiern, haben aber Angst vor dem Aufwand, der Arbeit, dem Stress? Wer könnte Ihnen das abnehmen? Gibt es Organisationstalente unter Ihren Freunden, die das übernehmen würden?

Oder würden Sie lieber nur mit wenigen Menschen zusammen feiern, die Ihnen wichtig sind? Oder wären Sie an Ihrem Tag am liebsten ganz allein an einem Traumort, um nur mit sich selbst den Tag zu verbringen?

3. Bitten Sie, wenn Sie sich gegen das große Fest entscheiden, Freunde, Familie und Kollegen um Verständnis. Vielleicht haben Sie ja im Sommer Lust auf eine Gartenparty? Und rechnen Sie mit Konsequenzen, es kann sein, dass manche Bekannte Sie auch nicht mehr einladen. Könnten Sie damit leben?

4. Arbeiten Sie doch einmal mit einem Traumbild, wie ich es in der nachfolgenden Selbstcoaching-Übung beschreibe. Vielleicht spüren Sie dabei die Lösung – Ihre Lösung.

Selbstcoaching

TRAUMBILD ZUR ENTSCHEIDUNG

Diese Übung kann Ihnen helfen, wenn Sie vor schwierigen Entscheidungen stehen; wenn andere Menschen unterschiedliche Erwartungen an Sie haben; und wenn Sie herausfinden wollen, was Ihr ganz eigener Wunsch ist.

- Sie setzen sich an einen ruhigen Ort, an dem Sie sich entspannen können.
- Sie nehmen ein großes Blatt Papier und skizzieren darauf in die Mitte Ihre Situation. Sich als Person, mit Denkblasen ringsherum mit Ihren Gedanken.
- Drum herum zeichnen Sie die Kräfte, die an Ihnen zerren: Zweifel, Zwänge, Meinungen und Forderungen von anderen.
- Anschließend skizzieren Sie jetzt Ihre Wünsche, Sehnsüchte und Ziele: Wie sollte es sein, damit Sie total zufrieden mit der Situation sind?

Wenn Sie es irgendwie hinbekommen, zeichnen Sie bitte Bilder dazu – auch wenn Sie es Ihrer Meinung nach nicht besonders gut können. Was immer Ihnen bei den Fragen in den Sinn kommt. Bilder sind starke Elemente bei der Traumreise. Und am Schluss markieren Sie mit einem bunten Stift die Anmerkungen/Zeichnungen, die Ihnen bei der Entscheidung weiterhelfen.

Sich von der Sinnkrise nicht lähmen lassen

Was tun gegen die Unzufriedenheit?

Da mein 50. Geburtstag immer näher rückt, packt mich wieder mal ein schon länger gärendes ungutes Gefühl. Mit fortschreitendem Alter schwindet die Hoffnung auf Veränderung immer mehr. Eigentlich bin ich mit meinem Beruf unzufrieden, seit ich denken kann. Als gelernte Bürokauffrau arbeite ich in der Buchhaltung, und irgendwie habe ich nie den Absprung geschafft. Als ich jung war, hatte ich noch Hoffnung, meinen Traum zu erfüllen, ich sparte fleißig dafür. Aber leider ist das Geld während meiner Ehe draufgegangen. Inzwischen bin ich alleinerziehende Mutter und muss für meinen Sohn und mich sorgen. Aber der Gedanke »Das war's jetzt, mein Leben ist vorbei« und die Vorstellung, bis zur Rente in der Buchhaltung festzuhängen, rauben mir jegliche Freude. Ich fühle mich wie gelähmt. Gibt es da einen Ausweg?

Heidi, 49

⇨ *Sabine Asgodom:* Wenn nicht jetzt – wann dann? Der 50. Geburtstag kann Ihnen die Power geben, die Veränderungsrakete zu zünden. Das habe ich schon oft erlebt. Leider fehlen manchmal die Ideen. Da sitzt man dann allein ziemlich ratlos vor einem Haufen Fragen: Was will ich eigentlich? Was könnte ich beruflich noch tun? Welchen Traum hatte/habe ich? Natürlich kann ich Ihnen ein Coaching empfehlen, in dem es sehr oft um Perspektiven geht. Aber vielleicht suchen Sie sich erst mal Hilfe im Bekanntenkreis: Warum laden Sie nicht Freunde oder Verwandte zu einer »Perspektiv-Party« ein? Sie brauchen ein paar Bögen Papier, dicke Stifte und einen Protokollführer. Dann fragen Sie reihum Ihre Gäste, welche Ideen sie so für Sie hätten:

- für einen anderen Job
- für eine Selbstständigkeit
- für eine spannende Nebentätigkeit
- für ein ehrenamtliches Engagement
- für eine lustvolle Freizeitgestaltung.

Ermutigen Sie die Leute zum Spinnen, kitzeln Sie ihre Fantasie. Und zügeln Sie Ihre innere Kritikerin, die gleich jede Idee verwerfen möchte. Erst mal zuhören und sammeln. Später können Sie in Ruhe alle Vorschläge abwägen. Aus ganz verrückten Ideen sind so schon prima Perspektiven entstanden. Und Spaß macht es allemal.

Die emotionale Zwickmühle beenden

Eltern oder Ehemann: Wie kann ich da eine Entscheidung treffen?

Ich bin berufstätig, verheiratet und habe zwei Kinder. Meine Eltern wohnen im Nachbarort und beschimpfen seit 20 Jahren meinen Mann. Aus diesem Grund habe ich in all der Zeit schon öfter monatelang überhaupt keinen Kontakt zu ihnen gehabt, bis sie immer wieder auf mich zukamen und mich anflehten, endlich mal wieder vorbeizuschauen, weil sie mich als ihr einziges Kind doch so sehr lieben.

Als mein Mann mich vor vielen Jahren zum ersten Mal vor die Wahl gestellt hat, entweder meine Eltern oder er, habe ich ihm auf der Stelle gesagt, dass mir niemand vorzuschreiben hat, mit wem ich Kontakt haben darf und mit wem nicht. Weder lasse ich mir von meinen Eltern sagen, dass ich mich von meinem Mann trennen soll, noch dürfe er mir den Kontakt zu meinen Eltern verbieten.

Nach einigen Schweigetagen hat er sich dann wieder eingekriegt. Aber jetzt geht die Sache gerade von vorn los.

Ich habe viele Freunde, die mir in all den Jahren immer mit Rat und Trost zur Seite gestanden haben. Die meisten sagen mir, dass meine Ehe auf jeden Fall Vorrang habe und ich meine eigene Familie schützen und deshalb jeglichen Kontakt mit meinen Eltern abbrechen solle. Ich habe aber Angst, dass ich mir dies später niemals verzeihen würde. Schließlich sind beide sehr krank, und es kommt mir total falsch vor, mich von meinem Mann erpressen zu lassen. Noch dazu, weil er so etwas für mich nie tun würde.

Da ich mittlerweile meinem Urteilsvermögen nicht mehr wirklich trauen kann, brauche ich ganz dringend einen objektiven Rat. Und wenn es irgendwie möglich ist, liebe Frau Asgodom, dann bitte von Ihnen!

Gaby, 51

⇨ *Sabine Asgodom:* Beim Lesen Ihres langen, langen Briefes (wir drucken ihn stark verkürzt ab) ist mir immer wieder folgender Satz in den Sinn gekommen: »Wünsche keinem Menschen das Leid, das dieser Mensch aushalten kann.« Ich habe sehr großen Respekt vor Ihrem Leid, aber auch vor Ihrer Kraft und Ihrem Mut. Nein, ich habe keinen Rat, denn auch meiner wäre nicht objektiv. Stattdessen habe ich eine Frage an Sie: Was wollen Sie wirklich – als Frau, als Tochter, als Mutter und als Ehefrau? Seien Sie sich bewusst, dass allein Sie bestimmen, wie Sie leben wollen. Sie sind es, die die Bedingungen stellt. Und die Menschen um Sie herum haben Ihre Wünsche zu akzeptieren. Sie schreiben so klug, ich bin sicher, dass Sie die Situation lösen werden, wenn Sie auf Ihr Gefühl hören. Ich umarme Sie.

Den Traum vom eigenen Laden verwirklichen

Kann mein Job-Traum wahr werden?

Ich habe da seit einiger Zeit so eine Idee. Familie und Freunde halten mich für verrückt. Aber ich würde mich gern nach 24 Jahren als angestellte Steuerfachgehilfin in einem völlig anderen Metier selbstständig machen. Ich hätte die Möglichkeit, ein kleines Ladenlokal unten in dem Haus, in dem ich wohne, günstig zu mieten. Die Lage ist gut, und ich würde dort gern ein Wollgeschäft mit einer Beratungsecke eröffnen. Ich stricke seit vielen Jahren sehr professionell Pullover, Schals, Kleider etc. und habe schon viele Modelle auch für Freundinnen gefertigt – meist gegen ein schönes Abendessen. Jetzt will ich damit Geld verdienen. Meine Frage: Wie kann ich herausfinden, ob dieses Geschäftsmodell aussichtsreich ist?

Silvia, 47

⇨ *Sabine Asgodom:* Ich pflege zu sagen: Lebe deine Träume, klopf sie aber vorher auf die Realisierungsmöglichkeiten ab. Und: Wer rechnen kann, kommt weiter. Wie finden Sie heraus, ob Ihr Geschäftsmodell einschlägt? Sinnvoll ist es, einen Businessplan zu machen. Den brauchen Sie sogar unbedingt, wenn Sie ein Darlehen von der Bank aufnehmen wollen, z. B. für die Ladeneinrichtung und das Warenlager. Vorlagen für einen Businessplan finden Sie im Internet auf www.existenzgruender.de, einer Seite des Bundesministeriums für Wirtschaft. Dort finden Sie auch konkrete Beispiele, z. B. wie Sie Marktchancen recherchieren können. Ich habe Ihnen auf der Selbstcoaching-Seite ein paar Schlüsselfragen zusammengestellt, die Sie vor der Gründung durcharbeiten sollten. Ich wünsche Ihnen viel Erfolg!

Selbstcoaching

MINI-BUSINESSPLAN FÜR GRÜNDERINNEN

Was werde ich verkaufen?

Was biete ich als Dienstleistung?

Was kann ich, wofür Kunden Geld bezahlen werden?

Wer ist meine Zielgruppe?

Wie schätze ich den Markt und die Marktentwicklung ein?

Wer sind meine Konkurrenten?

Was unterscheidet mich von ihnen?

Wie werde ich auf mich aufmerksam machen?

Was ist der Mehrwert meines Angebots – also was haben die Kunden davon?

Wie viel Umsatz erwarte ich im ersten, zweiten, dritten Jahr?

Wie will ich den Umsatz erreichen?

Sich Zweifel näher ansehen

Darf ich mir meinen Lebenstraum erfüllen?

Meine Liebe zur Natur führt mich seit Jahren nach Sylt, wo ich bei einer Gartenfirma arbeiten könnte. Leider sitze ich seit Jahren im goldenen Sicherheitskäfig einer Kreisverwaltung fest. Eine Beurlaubung durch den Arbeitgeber ist eventuell möglich, dann darf ich jedoch nur einen Minijob annehmen, von dem ich nicht leben kann. Wo bleibt mein Mut? Wohnen kann ich im Eigentum vor Sylt.

Marita, 39

⇨ *Sabine Asgodom:* Ganz ehrlich, liebe Marita, spontan habe ich gedacht, da steht die Frau vor den Toren des Garten Eden – und zögert noch? Lassen Sie mich Ihre Schlange sein: Wahrscheinlich gibt es eine kleine Ansammlung von »Aber«-Blüten in diesem Garten – widersprüchliche Bedürfnisse wie Abenteuer und Sicherheit oder Sehnsucht und Vernunft. Schauen Sie sich Ihre Zweifel und Ängste durch die »Aber«-Lupe ganz genau an. Welche existieren nur in Ihrem Kopf? Welche sind real? Was können Sie tun, damit die Blüten den Weg ins Paradies freigeben? Es lohnt sich, die Gärtnerin Ihres Glücks zu werden.

Neid zugeben und positiv für sich nutzen

Wie soll ich mit meinen Neidgefühlen umgehen?

Manchmal denke ich, ich bin der einzige Mensch auf der Welt, der neidisch ist. Spreche ich Freundinnen darauf an, weisen sie ein solches negatives Gefühl zurück: Nein, sie seien auf niemanden neidisch. Wie ich denn auf diese Idee käme? Ich komme mir dann ganz mies vor. Ist es wirklich so selten, dass jemand neidisch auf andere ist? Mir geht es immer wieder mal so, wenn ich zum Beispiel sehe, was andere Menschen sich leisten können; wie leicht es anderen fällt, Freunde zu finden; wie einfach es andere Eltern mit ihren Kindern haben. Habe ich wirklich einen schlechten Charakter, oder geben es die anderen einfach nur nicht zu?

Britta, 46

⇨ *Sabine Asgodom:* Ich habe aufgrund Ihrer Zuschrift in meinem Umfeld herumgefragt, und es gab da tatsächlich einige wenige, die behaupteten, niemals neidisch zu sein. Die meisten aber kennen dieses Gefühl. Ich selbst halte es auch für zutiefst menschlich. Ich habe allerdings die Erfahrung gemacht, dass es ein Unterschied ist, ob man im Neid stecken bleibt (ich glaube, davon bekommt man hässliche Falten im Gesicht) oder ob man es schafft, den Neid umzuformen – in Bewunderung plus Ansporn. Zwei Beispiele: »Der Kollege bekommt von der Chefin alles, was er will.« Dabei könnte jemand im Neid verbittern – oder sich das genauer anschauen: »Was macht der Kollege, dass er bei der Chefin so einen Stein im Brett hat?« Die Nachbarin liegt nachmittags um vier schon auf der Liege im Garten, während man selbst noch Hausarbeit erledigt? Statt über sie herzuziehen – »Na, bei der muss es ja ausschauen!« – lieber überlegen:

»Was müsste ich tun, um mir das auch leisten zu können?« (Die genaue Anleitung zur Neid-Strategie finden Sie in der Selbstcoaching-Übung.) Die Achtsamkeit beim Hinschauen öffnet den Blick, bringt uns auf Ideen oder zeigt, dass es kein Ziel für uns ist, das Gleiche zu tun.

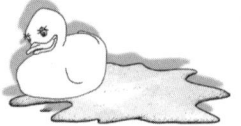

Selbstcoaching

DIE NEID-STRATEGIE

- **Schauen Sie genau hin:** Worauf sind Sie neidisch?
- **Beobachten Sie:** Wie hat der andere sein Ziel erreicht?
- **Überlegen Sie:** Könnten Sie das auch?
- **Analysieren Sie:** Was wäre der Preis, wenn Sie das Gleiche machen würden?
- **Entscheiden Sie:** Den Preis sind Sie bereit zu zahlen. Oder: Der Preis ist zu hoch.
- **Tun oder lassen.**
- **Kontrollieren Sie das Ergebnis**: Hat es sich gelohnt?

Fakten checken – und dann entscheiden

Ist es zu spät für einen Neuanfang?

Ich bin seit acht Jahren im Vertrieb eines mittelständischen Unternehmens tätig und hatte eine angesehene Position. Seit zwei Jahren haben wir einen neuen Chef, der seinen Sohn, 26, und weitere junge Mitarbeiter etabliert hat. Ich registriere zunehmend Kritik an meiner Arbeit und mangelnde Anerkennung. Allerdings bin ich auch nicht mehr bereit, zwölf Stunden am Tag zu schuften. Mein Freundeskreis meint, ich sei an meiner Belastungsgrenze. Kürzlich hat man mir eine Stelle als Sachbearbeiterin angeboten. Das heißt: stark reduziertes Gehalt und Statusverlust. Jetzt habe ich über einen Bekannten ein anderes Jobangebot bekommen: im Home-Office den Vertrieb eines konkurrierenden Unternehmens neu aufzubauen. Ich bin unschlüssig. Kann ich da noch mal erfolgreich sein? Und reicht meine Kraft dafür? Zudem hat mein Mann auch eine Stelle im jetzigen Unternehmen, die er durch meinen Wechsel verlieren könnte.

A. B.

⇨ *Sabine Asgodom:* Lassen Sie mich als Erstes die Fakten zusammenfassen:

1. Ihnen wird Stress gemacht.
2. Ihnen wird eine schlechte Lösung angeboten.
3. Ihr Status wird beschädigt.
4. Ihr Mann in derselben Firma kann Sie nicht schützen.
5. Sie haben eine attraktive Alternative.

Mir fällt auf, dass Sie gar nicht geschrieben haben, was Ihr Mann vom Wechsel hält. Ist er eher der Bremser? Wie auch immer, entscheiden müssen eh Sie! Es ist Ihre berufliche Zukunft, Ihr Leben, Ihre Gesundheit. Vielleicht hilft Ihnen die Lebensrad-Übung – damit Ihr Leben wieder rundläuft.

Selbstcoaching

KLARHEIT DURCH DAS LEBENSRAD

Bei vielen Menschen ist die Balance zwischen Beruf, Familie, Freunden, Freizeit etc. im Ungleichgewicht. Es gibt eine Methode, um herauszufinden, wie's bei Ihnen aussieht. Sie heißt »Wheel of Life« (Lebensrad) und gibt einen Überblick über die verschiedenen Lebensbereiche.

Zeichnen Sie eine Art Spinnennetz mit 6 Eckpunkten. Die Punkte können sein:

1. Beruf
2. Gesundheit
3. Familie
4. Freunde
5. Finanzen
6. Hobby/Freizeit

1. Schritt: Ist-Zustand. Kreuzen Sie bei jedem Bereich an, wie zufrieden Sie damit sind – auf einer Skala von 0 bis 5 (0 heißt gar nicht, 5 heißt total zufrieden). Verbinden Sie nun die angekreuzten Punkte mit einem bunten Stift und sehen Sie sich das Gebilde an: Ist es eher eckig oder rund? Ist es eher klein oder groß? Wo herrscht ein sichtbares Ungleichgewicht? Wo hat das Rad eine deutliche Delle?

2. Schritt: Ziel. Markieren Sie jetzt mit einem andersfarbigen Stift, welche(n) Wert(e) Sie verändern wollen, wovon es ein bisschen mehr sein darf.

3. Schritt: Maßnahmen. Schauen Sie, welcher Bereich sich klar vordrängt. Dann überlegen Sie, was Sie tun können, um den Wert zu verbessern.

4. Schritt: Start. Schreiben Sie auf, mit welcher Maßnahme Sie ab sofort beginnen können, um Ihr Lebensrad ins Rollen zu bringen. Legen Sie Termine fest, bis wann Sie was tun werden.

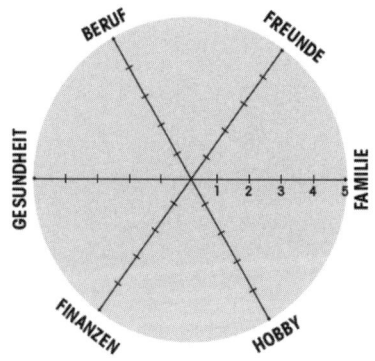

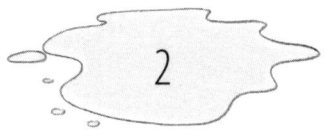

2

»Sie haben es verdient, erfüllt zu arbeiten«

Fragen und Antworten rund um Job und Selbstständigkeit

Nein, Arbeit muss keine Strafe sein, und Leibeigenschaft ist schon lange abgeschafft. In diesem Kapitel möchte ich Ihnen Mut machen, die Arbeit zu finden, die Ihnen wirklich Freude macht und die Ihnen die Anerkennung bringt, die Sie sich wünschen. Hier bekommen Sie auch ganz viele Tipps und Anregungen, wie Sie sich vielleicht selbstständig machen können, vielleicht den Traum umzusetzen, der Sie schon lange begleitet. Ich plädiere dafür, Klarheit mit Kollegen und/oder Vorgesetzten zu schaffen, denn »Reden hilft«. Auch ein Chef/eine Chefin muss Ihnen mit Respekt begegnen. Die Würde des Menschen, auch einer Mitarbeiterin, ist unantastbar! Sie bekommen aber auch ganz viel Ermutigung, bei Karrierechancen zuzugreifen, den Schritt heraus aus der Komfortzone zu wagen und ins Land »TUN« zu wechseln. Und ich möchte Ihnen den Humor ans Herz legen, mit dem Sie manche Krisensituation entschärfen können.

Eine vage Job-Idee konkret umsetzen

Wie wird aus meinem Traum Wirklichkeit?

Ich arbeite seit 17 Jahren als Flugbegleiterin, vor allem auf Langstrecken. Ich habe die ganze Welt gesehen, das war fantastisch. Aber seit einiger Zeit überwiegt die Routine: Koffer packen, fliegen, ins Hotel, Koffer auspacken, Koffer einpacken, fliegen … Für andere ein Traumjob, ich möchte aber etwas Neues machen. Einen Traum hätte ich schon: Ich würde gern eine Teestube mit angeschlossenem Buchladen eröffnen. Aber ich weiß nicht, wie ich es angehen soll …

Ann Kathrin, 43

⇨ *Sabine Asgodom:* Das klingt erst einmal ganz bezaubernd (sagen Sie mir Bescheid, wenn Sie eröffnet haben, ich komme). Damit das Ganze keine Seifenblase wird, empfehle ich Ihnen, einen Fahrplan in die Selbstständigkeit zu machen. Sie finden hervorragende Anregungen dazu auf der Internetseite des Bundeswirtschaftsministeriums: existenzgruender.de. Beginnen Sie unangestrengt mit ersten Notizen, sammeln Sie Ideen, das könnte Ihnen manch langweilige Stunde unterwegs versüßen. Reden Sie mit Selbstständigen, lassen Sie sich erzählen, wovon der Erfolg abhängt, was Sie an Fähigkeiten und Voraussetzungen dafür brauchen. Betreiben Sie eigene Marktforschung im Internet: Gibt es bereits ein ähnliches Geschäft am Ort oder in der Umgebung? Und wenn die Idee konkreter wird, schreiben Sie Ihren Businessplan. Auch dafür finden Sie auf der Website gute Anregungen und Vorlagen. Ich wünsche Ihnen viel Erfolg!

Mehr Zeit zum Auftanken

Nach der Arbeit bin ich nur noch schlapp

»Ich bin seit drei Jahren Finanzvorstand in einem mittelständischen Unternehmen. Beruflich läuft alles sehr gut. Aber ich merke, dass ich privat nichts mehr schultere: keine Hobbys, kein Sport, zu wenig Zeit für Familie und Freunde. Wenn ich frühestens um acht Uhr abends nach Hause komme, bin ich zu schlapp, um mich noch mal aufzuraffen. Lange geht das nicht mehr so weiter. Sehen Sie eine Lösung für mich?«

Evelyn, 44

⇨ *Sabine Asgodom:* Dies ist eine klassische Frage, die vom »Entweder-oder« zum »Sowohl-als-auch« führen muss. Ich verstehe, dass in Pionierzeiten, die Sie sicher hinter sich haben, ein überdurchschnittlicher Einsatz nötig ist. Und ich hoffe, Sie sind stolz auf das, was Sie geleistet haben. Doch irgendwann muss die Pionierzeit in Normalzeit umgewandelt werden, kein Mensch kann auf Dauer 150 Prozent Leistung bringen (auch wenn er eine Frau ist). Deshalb hier ein Vorschlag, den Sie vielleicht annehmen können: Suchen Sie sich einen Tag in der Woche heraus, an dem Sie zukünftig um 18 Uhr das Büro verlassen. Und tun Sie das dann auch. Glauben Sie mir, es wird nichts Schlimmes passieren (Sie können ja die Vorstandskollegen souverän informieren). Und nehmen Sie sich für diesen Tag etwas Schönes vor. Wenn Sie merken, dass das problemlos klappt, können Sie einen zweiten Tag und/oder 17 Uhr anvisieren. Durch diese kleine Veränderung schaffen Sie es leichter, Ihre Akkus wieder aufzuladen, außerdem können Sie besser delegieren lernen, sich besser fokussieren und durchsetzen. Und es gibt noch einen schönen Nebeneffekt: Vielleicht verbessert sich sogar Ihr Status bei den Kollegen – die mögen »fleißige Lieschen« meist gar nicht so gerne.

Sich neue Ziele setzen

Wie finde ich eine neue Perspektive?

Ich überlege seit Längerem, mich selbstständig zu machen. Ich habe BWL studiert, arbeite seit fast 24 Jahren als IT-Expertin in verschiedenen Firmen und Branchen, aber ich komme in dem Unternehmen, in dem ich jetzt bin, nicht mehr weiter. Außerdem hätte ich Lust, noch mal ganz etwas anderes zu machen. Ich mag Menschen, habe auch schon Fortbildungen gegeben. Vielleicht hätte ich sogar Spaß daran, ein Geschäft im Internet zu starten. Woher weiß ich, was das Richtige für mich ist?

Beate, 51

⇨ *Sabine Asgodom:* Welch wundervolle Aussichten, wie viele Perspektiven! Das Spektrum Ihrer Möglichkeiten ist breit, das sollten Sie als Vorteil sehen, nicht als Belastung. Wenn Sie aus den Träumen konkrete Ziele machen wollen, empfehle ich Ihnen ein kurzes Selbstcoaching mithilfe des von mir entwickelten »Alternativ-Rads«. Sie sammeln an den »Speichen« erst einmal alle Ideen für Ihre berufliche Zukunft, die Ihnen einfallen, kluge, naheliegende, vernünftige, verrückte, wahnsinnige … Auf mindestens zwölf sollten Sie kommen, wobei die erste immer heißt: Alles bleibt so, wie es ist. Und wenn Sie alles hingeschrieben haben, kommt in der zweiten Runde die Wertung:

Was ist wirklich nur eine Schnapsidee, und was entwickelt einen unwiderstehlichen Reiz? Der nächste Schritt heißt dann, die Superidee auf Realisierungsmöglichkeiten abzuklopfen. Was wäre der erste Schritt in diese Richtung? Genau so sind schon sehr erfolgreiche Existenzgründungen zustande gekommen. Ich wünsche Ihnen viel Spaß dabei!

Selbstcoaching

IDEEN TESTEN MIT DEM ALTERNATIV-RAD

Egal ob es um die berufliche Zukunft, den nächsten Urlaub oder Ideen für ein Geburtstagsgeschenk geht – das Prinzip ist immer dasselbe: Malen Sie sich so ein Rad auf ein Stück Papier, mit mindestens zwölf Speichen. In die Mitte kommt das Thema. An jede Speiche schreiben Sie jetzt eine Idee, von sehr realistisch bis total verrückt. Wichtig: erst sammeln, dann werten. Wenn Sie alles aufgeschrieben haben, dürfen Sie Punkte vergeben, von 0 = »Gefällt mir gar nicht« bis 10 = »Super!«. Bitte entscheiden Sie nach Bauchgefühl. Danach können Sie für eine mögliche Umsetzung die Realisierung prüfen: Was bleibt wirklich ein Traum, was geht gar nicht, und was reizt Sie besonders? Was ist der erste aktive Schritt, den Sie machen können, um Ihrem Ziel etwas näher zu kommen?

Als Chefin besser delegieren

Bin ich zu anspruchsvoll?

Ich habe vor zwei Jahren ein kleines Bistro in der Altstadt gepachtet. Ich arbeite jeden Tag mindestens zwölf Stunden, auch samstags. Ich habe einen Geschäftspartner, der ist auch ganz tüchtig. Aber ich finde keine Mitarbeiterinnen! Alle, die sich vorstellen und Probe arbeiten, sind mir nicht gut genug. Viele sind entsetzlich langsam, andere putzen »runde Ecken«. Also letztlich entspricht keine meinem Perfektionsanspruch. Was kann ich tun?

Carina, 43

⇨ *Sabine Asgodom:* Meine Antwort wird Ihnen vielleicht nicht gefallen: Solange Sie nur jemanden einstellen würden, der genauso ist wie Sie, werden Sie wahrscheinlich noch lange auf Hilfe verzichten müssen. Ich sage oft zu Selbstständigen, die über ihre Mitarbeiter schimpfen: Wenn diese so wären wie Sie, wären es nicht Ihre Mitarbeiter, sondern Ihre Mitbewerber! Vielleicht hilft Ihnen ein kleines Gedankenspiel: Wenn eine Hilfskraft, die zu 80 Prozent Ihrem Perfektionsanspruch genügt, Ihre Räume putzt, ist es vielleicht nicht so, wie Sie es tun würden. Trotzdem sparen Sie Zeit: Nachkontrollieren und vielleicht sogar die »runde« Ecke nachputzen, dauert immer noch weniger lang, als wenn Sie alles selbst machen würden. Und in der gewonnenen Zeit können Sie an wichtigeren Dingen arbeiten – z. B. an Ihrer Produktstrategie oder Ihrem Internetauftritt.

Dauerstreit mit der Kollegin auflösen

Wie dämpfe ich eine laute Kollegin?

Ich sitze im Büro mit einer Kollegin zusammen, die ist nicht mehr auszuhalten. Sie ist furchtbar laut, sie telefoniert auch privat mit erhobener Stimme. Was kann ich tun? Bitte keinen Rat wie »Reden Sie doch mal mit ihr«. Das habe ich alles schon versucht, es bringt nichts. Und unser Chef will sich nicht einmischen.

Xenia, 46

⇨ *Sabine Asgodom:* Manchmal hilft ein Überraschungscoup: Schenken Sie der Kollegin etwas: Bringen Sie Ihr einen Blumenstrauß aus dem Garten mit oder Süßigkeiten, einen schönen Stein vom Spaziergang oder vom Flohmarkt einen Schlumpf für ihre Sammlung. Auf Nachfrage können Sie gern erklären: »Ich wollte Ihnen/dir eine Freude machen.« Ich habe den Tipp schon oft gegeben, und meist war die Reaktion skeptisch: »Was, dieser unmöglichen Person soll ich auch noch etwas schenken?!« Aber immer haben die Klienten später davon erzählt, dass sich dadurch etwas verändert hat, zumindest ist man wieder ins Gespräch gekommen.

Umgang mit Verletzungen

Der fiese Satz hängt mir immer noch nach

»Ich bin Architektin und hatte zuletzt einen auf zwei Jahre befristeten Arbeitsvertrag. Als der nicht verlängert wurde, hat mein Chef mich mit den Worten verabschiedet: »So, wie Sie aussehen, werden Sie sicher bald etwas Neues finden.« Ich war wahnsinnig gekränkt. Inzwischen habe ich zwar eine andere Stelle gefunden, aber dieser fiese Satz hängt mir immer noch nach.«

Anne, 39

⇨ *Sabine Asgodom:* Am liebsten würde ich nur ein Wort schreiben: Frauen! Warum? Weil ich immer wieder von Frauen ähnliche Berichte von »schweren Kränkungen« höre. Die erste Bemerkung dazu: Natürlich machen Menschen manchmal blöde Bemerkungen. Im Fall Ihres ehemaligen Chefs tippe ich allerdings eher noch auf Unsicherheit, er wollte Ihnen vielleicht einfach ein Kompliment machen. Nun kann man sagen, das ist verunglückt, aber sicher kein Grund für ein lebenslanges Trauma.

Die zweite Bemerkung: Frauen werden nicht nur gekränkt, manche lassen sich auch leicht kränken. Und das hat etwas mit ihrem Selbstbewusstsein zu tun.

Denken Sie bei zukünftigen Verletzungen daran, es gibt immer zwei Möglichkeiten: Entweder Ihr Chef (oder wer auch immer Sie beleidigt) hat nur eine ungewollt dumme Bemerkung gemacht, dann müssen Sie sich nicht grämen. Oder er wollte Sie kränken. Dann gibt es wieder zwei Möglichkeiten: Entweder Sie lassen sich nicht kränken. Dann ist es gut. Oder Sie lassen sich kränken. Dann gibt es wieder zwei Möglichkeiten: Entweder Sie halten es aus. Dann ist es gut. Oder Sie sprechen es an: »Hey, was soll das?« Dann gibt es wieder zwei Möglichkeiten: Entweder er entschuldigt sich bei Ihnen. Dann ist es gut. Oder er wiegelt ab. Dann haben Sie wieder zwei Möglichkeiten: Sie sind zufrieden, dass Sie es angesprochen haben. Dann ist es gut. Oder Sie werden richtig sauer: »Ich möchte solche Bemerkungen nicht hören.« Und so weiter. Merken Sie etwas? Ich möchte das Drama aus einer Kränkung herausnehmen. Sie sind kein Opfer, sondern können jederzeit souverän reagieren. Jawohl, dieser Mensch hat einen dummen Satz gesagt. Lassen Sie es nicht zu, sich kränken zu lassen. Stop it!

Übrigens: In der folgenden Selbstcoaching-Übung finden Sie eine Möglichkeit, sich auch von zurückliegenden Verletzungen zu verabschieden.

Selbstcoaching

ALTE VERLETZUNGEN HEILEN LASSEN

Wenn Sie eine Kränkung schon seit Jahren mit sich herumtragen, ist es oft weder möglich noch sinnvoll, die Sache mit dem oder der »Kränkenden« nachträglich durchzusprechen. Dafür mein Tipp: Schreiben Sie einen ausführlichen Brief an diese Person. Schildern Sie die damalige Situation im Detail, führen Sie vor Augen, wie sehr Sie verletzt worden sind und was es seither mit Ihnen gemacht hat.

Schildern Sie, wie traurig/wütend/sauer Sie deshalb auf diesen Menschen sind. Und was Sie zukünftig von ihm erwarten.

Und dann: Schicken Sie den Brief bitte NICHT ab! Werfen Sie ihn weg, verbrennen Sie ihn. Oder zerreißen Sie ihn in kleine Stücke und lassen Sie diese im Fluss wegschwimmen. Wichtig ist, dass Sie die Geschichte loswerden. Ziehen Sie so den lästigen Dorn aus Ihrer Seele.

Machtkampf im Büro

Mein Teamkollege mobbt mich

Ich hätte nie gedacht, dass mich das Thema mal betreffen könnte, aber offenbar werde ich gerade von einem Kollegen gemobbt. Wir arbeiten zusammen in einem Projektteam, das eigentlich ich leiten sollte. Aber sein Chef hat durchgesetzt, dass der Kollege Leiter und ich die Stellvertreterin wurde. Der Kollege verschweigt mir wichtige Infos, ich erfahre Termine zu spät. Seit ich ihm in einer Konferenz Fehler nachgewiesen habe, spricht er gar nicht mehr mit mir. Was soll ich machen?

Tina, 39

⇨ *Sabine Asgodom:* Ich glaube gern, dass die Situation Ihnen einigen Stress macht. Auch wenn das, was da abläuft, wohl kein Mobbing ist. Mobbing ist vom Bundesgerichtshof definiert worden als »Missbrauch der Stellung eines Vorgesetzten, um einen Untergebenen systematisch und fortgesetzt zu beleidigen, zu schikanieren und zu diskriminieren«. Was da tobt, ist offensichtlich ein heftiger Machtkampf. Vielleicht hilft Ihnen schon diese erste kleine Unterscheidung, um aktiv werden zu können. Mobbing hat etwas mit Ohnmacht zu tun, beim Machtkampf geht es darum, wer der Stärkere ist. Ihr Kollege behandelt Sie offensichtlich schäbig – wobei das Fehlernachweisen in einer Konferenz auch nicht die feine Art ist, sondern nach Rache riecht. Ich denke, dass Sie beide auf diesem Weg nicht weiterkommen. Überlegen Sie, ob es nicht sinnvoller ist, die Zusammenarbeit auf eine neue, produktive Basis zu stellen. Könnten Sie sich vorstellen, sehr souverän auf Ihren Kollegen zuzugehen und im Vier-Augen-Gespräch einen neuen Anfang vorzuschlagen? In etwa so:

»Ich war damals sehr enttäuscht, als du die Projektleitung bekommen hast, und vielleicht habe ich dich das auch spüren lassen. Jedenfalls finde ich es schade, wie sich unsere Zusammenarbeit entwickelt hat. Wir könnten wesentlich produktiver sein, wenn wir an einem Strang ziehen. Deshalb schlage ich dir vor …« Was Sie im Einzelnen vorschlagen würden, können nur Sie mit Ihrer Kompetenz formulieren. Ich glaube, es könnte sich lohnen.

Ich selbst habe in 25 Jahren, die ich in Hierarchien gearbeitet habe, eines sicher gelernt: Mit Kämpfen kommen wir nicht weiter, nur mit Kooperation. Die Kunst ist, aus Gegnern Verbündete zu machen, dann wird das Leben leichter.

Die Firma an den Richtigen übergeben

Ich suche einen Nachfolger

Ich habe mich vor 20 Jahren selbstständig gemacht und nach und nach ein kleines Unternehmen aufgebaut. Wir erarbeiten Systemlösungen im IT-Bereich. Ich habe heute 14 Mitarbeiter, von denen zehn als Berater beim Kunden arbeiten. Die anderen sind in Back Office, Buchhaltung etc. beschäftigt. Ich werde demnächst 60 und denke über meine Zukunft nach. Eine Überlegung ist, meinen Sohn, der Informatik studiert hat, als meinen Nachfolger aufzubauen. Noch arbeitet er in einem großen Beratungsunternehmen, aber er hat schon signalisiert, dass er Interesse hätte. Wie kann ich herausfinden, ob das die richtige Lösung wäre?

Madeleine, 59

⇨ *Sabine Asgodom:* Die emotionale Seite dieser Frage müssen Sie für sich klären: Trauen Sie's ihm zu? Fühlt es sich gut an, ihm Ihr »Baby« zu übergeben? Können Sie selbst loslassen? Wie würden Sie den Übergang gestalten? Für die praktische Seite gibt es eine gute Methode, um herauszufinden, ob Ihr Sohn der richtige Nachfolger für Sie wäre – und zwar bevor er den Schritt macht: Geben Sie ihm doch den Auftrag, einen Businessplan für die Übergabe und die Zukunft Ihres Unternehmens zu erstellen. Und zwar nach den klassischen Methoden: Produkte/Angebot, USP, Zielgruppe/n, Marketing, Umsatzentwicklung, Vision, Maßnahmen. Setzen Sie einen Termin für die Abgabe fest. Und entscheiden Sie dann, ob sich Ihre und seine Vorstellungen für die Zukunft decken. Ein zweiter Gewinn: Er bekommt dadurch genügend Einblicke ins Unternehmen und die Herausforderungen der Zukunft, sodass er auch für sich Klarheit für diesen bedeutenden Schritt gewinnt.

Bei Karriere-Chancen zugreifen

Habe ich mir eine tolle Chance vermasselt?

Ich arbeite als Sachbearbeiterin in der Reiseabteilung eines Großunternehmens. Vor sechs Wochen hat mich mein Chef gefragt, ob ich die neue Teamleiterin in der Abteilung werden möchte. Ich habe gezögert und mir Bedenkzeit erbeten, weil ich unsicher war, ob mir die Belastung nicht vielleicht doch zu groß wird. Gestern hat er mir nun mitgeteilt, dass eine Kollegin von mir die Stelle bekommt. Ich bin sehr enttäuscht. Hätte er mich nicht noch einmal ansprechen müssen?

Caroline, 36

⇨ *Sabine Asgodom:* Die meisten Männer merken sehr wohl, wenn sie einen Korb bekommen haben. Führungsqualität hätten Sie bewiesen, wenn Sie auf Augenhöhe mit ihm gesprochen hätten: Das sind meine Bedenken, das sind meine Wünsche, so stelle ich mir die Aufgabe vor. Ich empfehle Frauen, die Verantwortung übernehmen sollen, kurz Bilanz zu ziehen: Was habe ich davon? Was kostet es mich? Dazu finden Sie einen Tipp in der Selbstcoaching-Übung.

Selbstcoaching

VERGESSEN SIE DIESE LISTE GANZ SCHNELL!

Manchmal stehen Frauen sich bei Aufstiegschancen selbst im Weg. Personalexpertin und Coach Xenia Groß aus Frankfurt hat 15 typisch weibliche Killersätze zusammengestellt:

- Meinen Sie, dass ich das wirklich kann?
- Ich würde das gerne erst ausprobieren, bevor ich zusage.
- Kann ich da noch mal zwei Tage drüber nachdenken?
- Ich glaub, ich kann das nicht.
- Ich habe auf dem Gebiet kaum/nur wenig Erfahrung.
- Da muss ich (erst) meinen Mann fragen.
- Oh, das bedeutet sicher, dass ich länger arbeiten muss/Überstunden Pflicht sind.
- Aber hat denn Herr X/Frau Y den Job nicht eher verdient?
- Dann muss ich in Zukunft auch Reden halten? Oje.
- Sind Sie mit meiner aktuellen Tätigkeit nicht zufrieden, weil ich etwas anderes machen soll?
- Brauchen wir die Stelle wirklich?
- Ich weiß gar nicht, ob ich in Zukunft mit Frau X zusammenarbeiten will.
- Muss ich dann auch außer Haus Termine wahrnehmen?
- Oh, das geht mir gerade aber etwas sehr schnell.
- Ich fühle mich total überfordert, ich bin fix und fertig.

MEIN TIPP: Möchten Sie souverän auf Angebote reagieren, ohne sich sofort festlegen zu müssen, lernen Sie das auswendig: »Ich fühle mich sehr geehrt und werde gern darüber nachdenken. Bis wann brauchen Sie die Antwort?«

Die Sprache der Männer lernen

Wie setze ich mich als Frau besser durch?

Ich bin Personalleiterin in einem kleinen Produktionsbetrieb und muss mich dort in einem Team von lauter Männern behaupten, das fällt mir nicht leicht. Mein Chef meint, es liege an meiner weiblichen Art, ich sei zu vorsichtig bei den Formulierungen oder bei Kritik, zu ungenau bei meinen Anordnungen. Muss ich denn wirklich jedem Macho nacheifern, um mich durchsetzen zu können?

Elfi, 51

⇨ *Sabine Asgodom:* Wenn es der Sache dient … Nein im Ernst: Würden Sie in ein fremdes Land ziehen, wollten Sie da nicht auch die Sprache der Eingeborenen lernen, um sich verständlich zu machen? Sie bewegen sich als Führungskraft in der Produktion im Mann-Land – in dem wird Mann-Sprache gesprochen, und es herrschen Mann-Regeln. Und in der Sprache des Mann-Landes werden Sätze wie »Könnten Sie vielleicht eventuell …?« eben nicht verstanden. Auf der Selbstcoaching-Seite finden Sie kleine Übersetzungshilfen für weibliche Einwanderinnen in dieses Land. Viel Spaß!

Selbstcoaching

LEXIKON: FRAU-LAND/MANN-LAND

Im Umgang mit Männern (gerade in der Produktion) hilft Frauen, die sich behaupten wollen, Klarheit in der Ansprache und in ihren Aussagen. Männer können mit deutlichen, direkten Anweisungen ganz gut umgehen. Hier ein paar Übersetzungsbeispiele von typisch weiblichen Formulierungen in die Sprache des Mann-Landes:

FRAU	MANN
»Ich weiß, Sie haben viel zu tun. Aber es wäre schön, wenn ich doch bald Ihren Bericht bekommen könnte.«	»Ich erwarte Ihren Bericht bitte bis morgen 16 Uhr.«
»Ach, nee, müssen Sie denn immer . . . ?«	»Ich möchte nicht, dass Sie noch einmal . . .«
»Meinen Sie, Sie könnten vielleicht . . . ?«	»Ich erwarte, dass Sie . . .«
»Es geht mich ja nichts an, aber brauchen wir das wirklich?«	»Erklären Sie mir bitte, warum Sie . . .«
»Also, dieser Fehler hätte eigentlich nicht passieren dürfen.«	»Mich ärgert, dass Sie vergessen haben . . . !«

Nach Teilzeit-Phase neu durchstarten

Wie bekomme ich mehr Verantwortung?

Nach der Geburt meiner Tochter habe ich neun Jahre Teilzeit gearbeitet. Ich muss sagen, meine Chefin hat in dieser Zeit sehr viel Rücksicht auf mich genommen, es war auch für sie nicht ganz einfach. Seit diesem Jahr bin ich wieder in Vollzeit als Bankkauffrau tätig. Ich möchte jetzt gern mehr Verantwortung übernehmen, Karriere machen. Das ging wegen der Teilzeit vorher nicht. Aber meine Chefin nimmt mich gar nicht richtig ernst, sie vertröstet mich. Wie komme ich aus der Schublade der »alleinerziehenden Mutter« wieder heraus?

Nicole, 41

⇨ *Sabine Asgodom:* Ihr Bild mit der Schublade ist sehr zutreffend. Um da wieder herauszukommen, empfehle ich eine Mix-Strategie aus

- erstens dem Lancieren von Meldungen, wie gut Ihr Kind tagsüber versorgt ist, und Signalen, dass Sie den Kopf wieder frei für den Beruf haben,
- und zweitens dem gleichzeitigen Übernehmen von Projekten. Schlagen Sie Verbesserungsmaßnahmen vor, zeigen Sie Ihr Engagement fürs ganze Team, arbeiten Sie in Projektgruppen mit.

Das neue Bild der ambitionierten Mitarbeiterin kann dann nach und nach das bei der Chefin vorherrschende Bild der Mutter überblenden. Und vielleicht hilft ein Gespräch mit der Chefin: »Ich bin Ihnen sehr dankbar, dass Sie damals Rücksicht auf meine Situation genommen haben. Nun möchte ich Ihnen und dem Unternehmen etwas zurückgeben. Fordern Sie mich.«

Quertreiber zum Staunen bringen

Soll ich mich beim Chef beschweren?

Ich habe einen Kollegen, der mir das Leben schwer macht. Erst vor Kurzem hat er mich wieder vor unserem Vorgesetzten beschuldigt, ich würde unser Projekt verschleppen, weil ich nicht rechtzeitig liefere. Ich bin sofort in Erklärungsnotstand geraten und habe mich stotternd gerechtfertigt. Ich weiß, dass man das nicht machen sollte, aber dieser Mann regt mich so auf! Wenn ich mit ihm direkt arbeite, geht's eigentlich ganz gut, aber vor anderen schiebt er mir gern die Schuld in die Schuhe. Am liebsten hätte ich gar nichts mehr mit ihm zu tun. Soll ich mich beim Chef über ihn beschweren?

Heidi, 42

⇨ *Sabine Asgodom:* Als Erstes möchte ich Sie von der Beim-Chef-beschweren-Lösung abbringen. Vorgesetzte hassen es, sich mit solchem »Kinderkram«, wie sie es gern nennen, befassen zu müssen. Männer probieren (auch unter Männern) gern aus, wie souverän die anderen sind. Es geht schlicht um Machtspielchen. Wenn Frauen sich als Heulsuse oder Petze entpuppen, sinken ihr Ansehen und ihr Status. Gehen Sie deshalb lieber einen anderen Weg: Überraschen Sie Ihren Kollegen, machen Sie etwas Verrücktes, bringen Sie ihn zum Staunen oder, besser noch, zum Lachen. Wie das klappt, können Sie auf der Selbstcoaching-Seite nachlesen. Eine spontane Idee: Überreichen Sie ihm doch lächelnd einen langen Schuhlöffel mit den Worten: »Hier, damit können Sie mir noch einfacher die Schuld in die Schuhe schieben.« Oder ein Paar Pantoffeln: »Schieben Sie in Zukunft bitte immer gleich die Schuld in diese Schuhe, dann müssen Sie nicht warten, bis der Chef zuhört.« Um dann souverän fortzufahren: »Im Ernst, Herr XY, ich möchte eine Lösung mit Ihnen finden.«

Selbstcoaching

KONFLIKTE LÖSEN MIT CHARME UND HUMOR

Manche Probleme, ob privat oder beruflich, können Sie knacken, indem Sie für Überraschung sorgen. Glauben Sie mir, nur Sie als die Souveräne können den ersten Schritt tun. Sammeln Sie Ideen dazu mit dem »Asgodom-Lösungs-Generator«.

1. Sie schreiben den Konflikt, den Sie lösen möchten, auf ein Stück Papier.
2. Sie stellen sich folgende Fragen und notieren die Antworten gleich dazu:
   - Wie sehr belastet mich die Sache?
   - Lohnt es sich, sie anzugreifen?
   - Wenn nicht, Schwamm drüber?
   - Wenn doch – bin ich bereit, den ersten Schritt zu machen?
   - Wofür lohnt es sich, den Stein ins Rollen zu bringen?
   - Womit könnte ich den anderen überraschen? Was würde er von mir niemals erwarten?
   - Was könnte ich Lustiges tun? Womit bringe ich die Gegenseite zum Lachen?
   - Wie könnte ich meine Wertschätzung zeigen? Was wäre eine gelungene Charme-Offensive?
3. Sie überlegen sich, bei welcher Gelegenheit Sie den Überraschungscoup am besten starten können.
4. Sie tun es!

Frischen Mut tanken

Die Angst, wieder zu scheitern, lähmt mich

Am vergangenen Freitag war ich wieder drauf und dran, meinen Beruf an den Nagel zu hängen und endlich einen Neuanfang zu wagen. Ich arbeite seit 13 Jahren in der Logistik eines großen Werks, und zwar bei meiner ehemaligen Konkurrenz. Dazu muss ich Ihnen erklären, dass ich jahrelang einen Familienbetrieb mit meinem Vater geführt habe. Als der Betrieb vor dem Konkurs stand, habe ich ihn aufgekauft – bis dann irgendwann das endgültige Aus kam. Damals habe ich gedacht: Okay, ich versuche das jetzt auch als Chance auf einen Neuanfang zu sehen. Aber die Realität sah anders aus: Ich hatte keinen Job mehr, kein Auto, konnte meine Wohnung nicht mehr zahlen.

Das Einzige, was ich noch hatte, war ein Schuldenberg. Ich nahm den Job bei der Konkurrenz an, zog bei meinen Eltern ein, immer nur mit der Perspektive, einen Tag nach dem anderen zu überleben und nicht auf der Straße zu landen. Aber wie kann jemand von vorn anfangen, wenn einen die Vergangenheit jeden Tag daran erinnert, dass man alles verloren hat?

Mein Konzept für eine Gründung steht, sogar die Finanzierung, aber ich habe große Angst, den Schritt in die Selbstständigkeit zu wagen. Die Angst, (wieder) zu versagen, lähmt mich. Aber ich weiß auch, dass eine Änderung jetzt erfolgen muss, die ungeliebte Arbeit macht mich unglücklich. Woher soll ich die Kraft nehmen, diese Veränderungen zu beginnen? Der erste Schritt scheint mir so unendlich unvernünftig, leichtsinnig, verrückt. Vielleicht haben Sie einen Ratschlag für mich?

Sonja, 53

⇨ *Sabine Asgodom:* Ihr Brief erinnert mich an die zwei Jahre, die ich überlegt habe, ob ich es wagen darf, mich selbstständig zu machen. Ich wollte, ich hatte das Ziel so deutlich vor Augen, im Nacken aber hatte ich die pure Angst. Wissen Sie, wie ich es geschafft habe? Eine Freundin hatte mich zum Essen eingeladen, hat mir einen Teller Suppe eingeschöpft, mich angeschaut, gelächelt und gesagt: »Weißt du, bei mir kriegst du immer einen Teller Suppe, egal was passiert.« Seither rate ich allen Menschen, die einen großen Schritt wagen wollen: Suchen Sie sich einen, zwei oder drei Menschen, die Ihren Schritt mit aufrichtigem Interesse mitplanen und mitbegleiten. Wissen Sie, wie man das nennt, wenn ein Mensch so etwas für einen anderen zu tun bereit ist? Das nennt man Coaching. Also suchen Sie sich einen Coach, einen Unterstützer, eine Wegbegleiterin.

Sich an neue Job-Rituale anpassen

Muss ich trinken für meine Karriere?

Seit einem halben Jahr arbeite ich als Ingenieurin in einer neuen Abteilung. Meine durchwegs männlichen Kollegen gehen abends oft gemeinsam einen trinken. Ich bin noch nie mitgegangen, ich habe Familie, und außerdem mag ich keinen Alkohol. Ich merke, dass mich das zum Außenseiter macht. Sie fragen mich jetzt meist schon gar nicht mehr. Aber ich habe das Gefühl, dass an diesen Abenden wichtige Sachen besprochen werden, die ich nicht mitkriege. Warum muss ich mich an dieses Männerritual anpassen?

Nadine, 41

⇨ *Sabine Asgodom:* Niemand sagt, dass Sie sich anpassen müssen. Sie haben aber erkannt, dass dieses Ritual die Abteilung zusammenschweißt. Es wäre also nicht unklug, wenigstens ab und zu dabei zu sein, um die kollegiale Basis zu stärken. Vielleicht hilft Ihnen die Mini-Mäuseschritt-Strategie, einen Ausweg aus dem Dilemma zu finden. Sie setzen an erste Stelle die Maximalforderung: Ich müsste jedes Mal mit den Kollegen mitgehen. Das ist unmöglich. Zweite Stelle: Ich sollte möglichst oft mit den Kollegen einen trinken gehen. Puh, immer noch einige Nummern zu groß. Ich werde einmal im Monat mit den Jungs mitgehen. Das ist doch wohl zu machen. Und dann: Eine große Virgin Colada trinken (garantiert ohne Alkohol – aber das sieht man nicht).

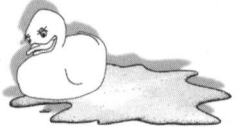

Selbstcoaching

DIE MINI-MÄUSE-SCHRITT-STRATEGIE:

Wer alles will, macht oft gar nichts. Deshalb hilft es sehr, aus einer Maximalforderung, die nicht oder nur mit Mühen zu schaffen ist, einen ersten Mini-Mäuseschritt zu entwickeln, der machbar und sinnvoll ist.

Man könnte ihn auch den Mutmach-Mini-Mäuseschritt nennen.

GROSSER SCHRITT:
Ich muss mein berufliches Netzwerk dringend ausbauen! Aber ich habe weder Zeit noch Lust, ständig mit anderen essen zu gehen, mich auf Branchentreffs herumzutreiben oder in meiner Freizeit aus strategischen Gründen mit Kollegen Golf zu spielen.

KLEINER SCHRITT:
Ich nehme mir vor, einmal im Monat mit jemandem aus der Abteilung, den ich besser kennenlernen möchte, in der Kantine zum Essen zu gehen.

Eine angespannte Situation im Büro auflösen

Wie kläre ich den Streit in der Arbeit?

Ich habe mich neulich ganz fürchterlich über einen Kollegen geärgert. Ich brauchte unbedingt Zahlen von ihm, um einen Bericht abschließen zu können, auf den mein Chef dringend wartete. Nach dreimaligem Mahnen ging er nicht mehr ans Telefon. Ich guckte in sein Büro, er war nicht am Platz. Schließlich kam er wieder – mit einem Brot in der Hand. Er kauft immer nachmittags um die Zeit ein Brot! Ich habe ihn angeschrien, was er sich denn einbilden würde ... Seitdem herrscht Funkstille, er redet nicht mehr mit mir. Er müsste sich doch bei mir entschuldigen?!

Isolde, 43

⇨ *Sabine Asgodom:* Ich verstehe, dass Sie sich ärgern. Es hilft Ihnen aber wenig, wenn ich Ihnen einfach recht gebe. Ich möchte Ihnen einen außergewöhnlichen Vorschlag machen: Springen Sie über Ihren Schatten und überraschen Sie Ihren Kollegen. Sprich: Sie kaufen morgen Mittag ein Brot, binden eine große Schleife drum und gehen am frühen Nachmittag zu ihm ins Büro. Sie überreichen ihm das Geschenk und sagen freundlich: »Damit Sie heute nicht selbst gehen müssen. Übrigens: Für den Ton neulich möchte ich mich entschuldigen, über die Sache müssen wir noch mal reden.« Meine Lebenserfahrung sagt mir, er wird so überrascht sein, dass Sie wieder ins Gespräch kommen. Wenn Sie jetzt denken: Warum muss ich den ersten Schritt machen? Weil Sie offensichtlich die Souveränere sind.

Sich nicht unter Preis verkaufen

Wie bekomme ich ein gutes Honorar?

Ich arbeite seit sechs Jahren als freiberufliche Grafikerin, habe einige kleine Firmen als Kunden, für die ich Prospekte und Anzeigen gestalte. Die sind auch ganz zufrieden mit mir. Aber leider werde ich immer wieder im Preis gedrückt. So komme ich auf keinen grünen Zweig. Ich kann mich einfach nicht wehren. Haben Sie eine Idee, wie ich mich verhalten müsste, damit mehr Geld reinkommt?

⇨ *Sabine Asgodom:* Wir könnten jetzt lange über den Wert Ihrer Arbeit reden und – noch spannender – über Ihren Selbstwert. Glauben Sie, dass Sie Ihre Honorare wert sind? Da Sie aber eine schnelle Lösung brauchen, die Sie vor dem Verhungern rettet, hier eine Idee: Wenn Sie sowieso immer von Ihren Kunden runtergehandelt werden, fangen Sie doch im Angebot mit höheren Summen an – und einigen Sie sich dann auf Ihren »Wohlfühlpreis«. So sind die Kunden glücklich – und Sie verdienen genug. Mögen Sie das ausprobieren?

Richtig auf die neue Chefin zugehen

Wie bekomme ich einen Draht zur neuen Chefin?

Ich habe früher sehr gern Verbesserungsvorschläge für die Arbeit bei uns im Team entwickelt. Aber ich habe es im Lauf der Zeit aufgegeben, da ich die Erfahrung gemacht habe, eh keinen Dank zu ernten, sondern höchstens doofe Sprüche. Mein alter Chef war viel zu starr, um zu erkennen, dass meine Ideen vielleicht hilfreich gewesen wären. Er ist inzwischen pensioniert. Vor vier Wochen haben wir eine neue Chefin bekommen, aber ich merke schon: Bei der läuft ebenfalls nichts. Ich spüre, wie meine Arbeitslust schwindet. Haben Sie einen Motivationskick für mich?

Beate, 47

⇨ *Sabine Asgodom:* In der Politik gilt die 100-Tage-Frist, bis man sich zum Beispiel über einen neuen Minister eine Meinung bildet. Bis dahin erhält er einen Vertrauensvorschuss. Geben Sie Ihrer Chefin doch auch eine Chance. Sie muss sich einarbeiten, Durchblick bekommen, Sicherheit erlangen. Eine ziemliche Herausforderung. Wenn Sie klug agieren, kann der Wechsel auch für Sie eine Chance sein – etwa mit der Charme-Offensive. Schon unsere Großeltern sagten: »Wie man in den Wald hineinruft, so schallt es heraus.«

Selbstcoaching

DIE CHARME-OFFENSIVE

Ganz oft hindern uns negative Gedanken über andere, überhaupt eine attraktive Offensiv-Strategie zu entwickeln. Das sind dann zum Beispiel Gedanken wie:

- Der/die sagt sowieso Nein.
- Mit so einem Blödmann/so einer Ziege kann man ja nicht reden.
- Bestimmt wollen die das nicht.
- Die mögen mich/gönnen mir ja sowieso nicht(s).
- Da ist eh nichts zu machen.

Wie kommen wir bloß dazu, ohne es ausprobiert zu haben, meist erst mal das Schlechteste anzunehmen? Wissenschaftler haben herausgefunden, dass unser Gehirn sich 60-mal mehr negative Erfahrungen merkt als positive.

Die paar miesen Erlebnisse, die wir irgendwann gemacht haben, verdrängen also die vielen, vielen Erfolgserfahrungen.

Und noch etwas: Wenn ich den anderen von vornherein als »Deppen« abqualifiziere, muss ich mich ja gar nicht mehr anstrengen, mein Ziel zu erreichen. Ich bin schließlich nicht schuld, wenn's – wie erwartet – nichts wird. Ab heute können Sie sich aus dieser negativen Erwartungsspirale befreien. Nutzen Sie die Charme-Offensive! Und die geht so:

1. Gestatten Sie Ihrem Gegenüber immer, seine/ihre Interessen zu vertreten (selbst wenn Sie anderer Meinung sind).
2. Gestehen Sie anderen einen Expertenstatus zu. Auch sie haben Erfahrung und tragen Verantwortung.
3. Überlegen Sie, wie Sie Ihrem Gegenüber Wertschätzung entgegenbringen können, zum Beispiel durch Formulierungen wie: »Mich interessiert Ihre Meinung zu ...« oder »Sie haben doch Erfahrung mit solchen Situationen« oder »Sie kennen sich doch da aus ...« oder »Sie haben bestimmt einen hilfreichen Impuls für mich« oder »Ich freue mich, dass mit Ihnen frischer Wind in unsere Abteilung kommt«.

Sie werden sehen: Mit dieser Strategie werden Sie viel mehr von anderen bekommen – und sich selbst deutlich besser fühlen.

In Meetings selbstbewusster auftreten

Was hilft gegen meine Komplexe?

Als Sachbearbeiterin in einer Telekommunikationsfirma habe ich einen wunderbaren Job: Ich arbeite weitgehend selbstbestimmt, habe einen klar umrissenen Aufgabenbereich und durchaus nachweisbare Erfolge. Es gibt da aber eine Sache, die ich ändern möchte: Ich lasse mich von Menschen mit einer besseren Ausbildung einschüchtern. In Konferenzen traue ich mich höchst selten, den Mund aufzumachen, geschweige denn zu widersprechen, wenn ein Studierter etwas Falsches sagt. Trotz 23 Jahren Berufserfahrung habe ich in solchen Situationen plötzlich das Selbstbewusstsein einer 13-Jährigen. Was kann ich tun?

Susanne, 41

⇨ *Sabine Asgodom:* Vielleicht machen Sie sich einfach mal klar, wie viele Taxifahrer studiert haben (das soll nicht diskriminierend klingen: Ich kenne genug Taxifahrer, für die das ihr Traumjob ist). Der Uni-Abschluss allein garantiert also nicht den beruflichen Erfolg. Und eine Ausbildung, egal ob Studium oder Lehre, sagt auch nichts über die Stärken oder gar den Wert einer Person aus. Letztlich zählt, wie gut sich jemand einbringen kann, wie wertvoll seine Arbeit für das gemeinsame Ziel ist und welche menschlichen Fähigkeiten ihn auszeichnen. Also seien Sie großzügig und betrachten Akademiker als ganz normale Menschen, mit denen Sie reden wie mit ganz normalen Menschen.

Beim Chef auf Fairness bestehen

Wie bekomme ich von meinem Chef, was mir zusteht?

Ich bin mit einer 20-Prozent-Stelle als Medizinische Praxis-Assistentin in einer Allgemeinpraxis angestellt, mit der Option, jederzeit gegen Extrabezahlung für die jeweils andere Kollegin (wir sind zu dritt, eine arbeitet 90 Prozent, die andere 60) einzuspringen. Ich springe jederzeit und sogar gerne ein, ich liebe meinen Beruf. Leider hapert es mit der Extrabezahlung. Bis jetzt ist mir der Chef (Stand: 25.7.) noch immer die April/Mai/Juni-Überstundenbezahlung schuldig. Wenn ich etwas sage, heißt es: »Das ist das geringste Problem, das ich habe.« Ich bin gut situiert, das heißt, ich muss nicht um jeden Preis arbeiten. Aber dieses »Betteln« nervt mich extrem! Wie verhalte ich mich am geschicktesten?

Renata, 57

⇨ *Sabine Asgodom:* Die Leibeigenschaft im Königreich Hannover wurde laut Wikipedia 1833 abgeschafft (das gilt auch für Arztpraxen). Sie sind ein freier Mensch, Sie können dort arbeiten, wo man Sie schätzt und respektiert. Und wenn Sie einen Vertrag unterschrieben haben und Ihr Chef auch, dann haben sich beide Seiten daran zu halten. Da gibt es kein Betteln. Sie könnten die Passage aus Wikipedia ausdrucken und ihm hinlegen. Wenn Ihr Chef weiterhin den Feudalherrn spielt, muss er sich einen anderen Sklaven suchen. Außer, Sie wollen es so. Aber danach klingen Sie nicht.

Gesprächen eine positive Richtung geben

Wie kommen wir auf erfreulichere Themen?

Ich habe im Büro eine Kollegin, die erzählt am Montagmorgen immer nur von den Katastrophen, die am Wochenende passiert sind. Es langweilt mich und verdirbt mir die Stimmung. Was kann ich tun?

Manuela, 43

⇨ *Sabine Asgodom:* Eine Möglichkeit wäre natürlich, ihr das einfach zu sagen. Es gibt aber eine charmante Alternative: Sie fragen sie gleich in der Früh fröhlich: »Und, was hast du dieses Wochenende Schönes erlebt?« Ich verspreche Ihnen, die Erzählung wird sich positiv verändern. Warum das so ist, können Sie in der Selbstcoaching-Übung lesen.

Selbstcoaching

DIE RICHTIGEN FRAGEN STELLEN

Der Psychologe und US-Professor David Cooperrider hat herausgefunden, dass die Art unserer Fragen die Qualität der Antworten bestimmt. Der Fachbegriff dafür ist »Appreciative Inquiry«, übersetzt »Wertschätzende Befragung«. Cooperrider schreibt: »Menschen und Systeme bewegen sich in die Richtung, in die sie schauen. Und die Fragen, die wir stellen, entscheiden darüber, was wir finden.« Einige Beispiele:

* Fragen Eltern mit genervtem Tonfall ihr Schulkind: »Und, was gab's heute in der Schule?«, bekommen sie höchstwahrscheinlich zu hören, wie langweilig es war, wer wen geärgert hat … Fragen sie dagegen mit einem Lächeln: »Was hast du heute Schönes in der Schule erlebt?«, bekommen sie mit größerer Wahrscheinlichkeit eine positive Antwort.
* Fragt die Chefin die Kolleginnen: »Wie konnte das passieren?«, bekommt sie wahrscheinlich entschuldigende oder gar schuldzuweisende Antworten. Fragt sie aber: »Was können wir tun, damit so etwas nicht wieder vorkommt?«, wird die Kreativität der Kolleginnen angeregt – der Blick geht nach vorne.
* Fragt die Selbstständige ihren Kunden: »Und, wie finden Sie mein Angebot?«, ist Spielraum nach allen Seiten. Fragt sie: »Was gefällt Ihnen an meinem Angebot am besten?«, wird die Qualität der Antwort eine andere sein.

Mitarbeiter erfolgreich führen

Wie kommt meine Kritik richtig an?

Ich bin Inhaberin eines Gartenbauunternehmens, das ich vor neun Jahren von den Eltern übernommen habe. Mit 17 festen Mitarbeitern sind wir ziemlich erfolgreich. Meine langjährigste Mitarbeiterin ist meine Sekretärin. Ich war immer sehr zufrieden mit ihr. In letzter Zeit wird sie aber etwas nachlässiger, so kommt es mir vor. Sie bereitet Besuchstermine nicht genügend vor, vergisst, Dinge für mich zu erledigen, insgesamt fühle ich mich nicht mehr gut betreut. Im Gegenteil, manchmal habe ich fast das Gefühl, sie fühlt sich als Chefin und gibt mir Aufträge. Wir sind seit Langem auch privat befreundet, und es fällt mir unendlich schwer, ihr zu sagen, dass ich unzufrieden bin. Haben Sie eine Idee für mich?

Bernadette, 45

⇨ *Sabine Asgodom:* Sie scheinen eine sehr nette Chefin zu sein. Schön für Ihre Mitarbeiter, aber sehr anstrengend für Sie, nehme ich an? Und wenn dann noch die private Freundschaft dazukommt, werden manchmal Hierarchiestufen aufgeweicht. In einer Studie über das optimale Führungsverhalten haben Wissenschaftler der Harvard-Universität festgestellt, dass es einer gesunden Mischung bedarf: aus Wertschätzung gegenüber den Menschen und aus Klarheit in der Sache. Vielleicht kann das die Richtschnur für Ihr Gespräch werden. Location: auf jeden Fall im Büro. Zeitpunkt: Machen Sie einen Termin aus, bei dem Sie nicht gestört werden. Vorgehen: Sagen Sie Ihrer Sekretärin, was Sie an ihr schätzen, welche Stärken Sie erkennen, worin sie unschlagbar ist. Und dann äußern Sie klar und deutlich Ihre Wünsche: »Wie kannst du dazu beitragen, dass ich auf Kundentreffen besser vorbereitet werde …?« Früher haben Chefs »Feedback-Gespräche« geführt, das aktuellere Wort ist »Feedforward-Gespräch«. Also nicht nach hinten schauen, aufrechnen, anklagen, Schuldige suchen etc., sondern nach vorne denken: »Was kannst du tun, damit du mir noch besser assistieren kannst? Ich erwarte von dir …, wie kannst du das umsetzen? Was müssen wir ändern, damit du mehr Zeit hast, um mir …?« Schreiben Sie die Ergebnisse auf und vereinbaren Sie einen Termin, wann Sie nachschauen werden, ob die Veränderungen Früchte tragen. Nach dem schönen Sprichwort: Klarheit schafft Harmonie.

Nach dem Burnout neu durchstarten

Wie finde ich die Arbeit, die mich glücklich macht?

Hallo Frau Asgodom, mich beschäftigt seit einiger Zeit folgendes Problem: Ich bin 42 Jahre, war 23 Jahre lang Bankkauffrau und berufsbedingt Burnout-Betroffene. Ich suche nun ein neues Aufgabengebiet. Meine Bewerbungen gingen in die Richtung Assistenz/Verwaltung. Nun merke ich aber, dass sich auf diesem Sektor nichts tut, ich gelte als überqualifiziert bzw. zu teuer. Ich möchte aber nach langer Krankheit einfach wieder nur arbeiten. Hätten Sie für mich eine Ihrer wunderbaren Ideen?

Anke, 42

⇨ *Sabine Asgodom:* Man sagt ja, wenn man das tut, was man liebt, muss man nie wieder arbeiten. Deshalb würde ich an Ihrer Stelle mal von der Leidenschaftsseite an die Arbeitssuche herangehen. Bei welchem Gedanken hüpft Ihr Herz? Was wollten Sie immer schon machen? Welchen Traum aus Jugendtagen gibt es? Wobei vergessen Sie die Zeit? Welche schönen Dinge lieben Sie? Wollen Sie mit Menschen arbeiten? Gibt es ein Hobby, aus dem Sie mehr machen könnten? Schlägt Ihre soziale Ader? Ich finde, in Ihrem Alter haben Sie es verdient, dass Sie nur noch das tun, was Ihnen Erfüllung bringt. Trauen Sie sich zu spinnen. Schreiben Sie Ihre Träume nieder. Und reden Sie über Ihre Ideen. Vielleicht öffnet sich dann eine Tür, die Sie einlädt, hindurchzugehen. Ich höre jetzt schon die Stimmen, die sagen: So einfach ist es aber nicht. Wer sagt, dass es einfach ist? Die Mühe muss sich lohnen.

Ein gerechtes Gehalt verhandeln

Ich will mich nicht verkaufen müssen!

Ich habe vor Kurzem durch Zufall erfahren, dass meine männlichen Teamleiter-Kollegen fast alle mehr Geld verdienen als ich. Ich bin stinksauer. Ich habe meinen Chef damit konfrontiert, und er hat lächelnd (!) zu mir gesagt: »Ja, wenn Sie sich im Einstellungsgespräch so schlecht verkauft haben!« Wieso muss ich mich verkaufen? Mir widerstrebt das. Ich mache die gleiche Arbeit wie die anderen (sogar meistens mit besseren Ergebnissen), warum bekomme ich nicht das gleiche Gehalt? Am liebsten würde ich hinschmeißen und kündigen. Aber das ist vielleicht nur die zweitbeste Lösung?

Carola, 37

⇨ *Sabine Asgodom:* Ich höre immer wieder die Aussage von Frauen: »Ich will mich nicht verkaufen.« Sie befinden sich im Widerstreit zwischen dem hohen Wert der »Authentizität«, den sie haben, und der – meist männlich definierten – »Professionalität«, die in Unternehmen von Mitarbeitern verlangt wird. Ich kann das gut verstehen, sehe aber auch, dass meistens noch die »männlichen« Spielregeln gelten. Ich glaube, dass jede Frau nur für sich entscheiden kann, ob und wie weit sie mitspielen will. Nach meiner Erfahrung braucht es immer eine gute Balance zwischen Authentizität und Professionalität (siehe Selbstcoaching). Und Gehaltsverhandlungen gehören zum Profi-Bereich. Oder, wie es unter Männern heißt: »Wir bekommen nicht, was wir verdienen, sondern was wir verhandeln.« Eine Anmerkung noch: Sie müssen sich nicht verkaufen, aber Sie können Ihre Leistungen und Erfolge besser darstellen und dies dann als Verhandlungsbasis nutzen.

Selbstcoaching

AUTHENTISCH UND PROFESSIONELL

Im Job sind beide Werte wichtig. Überlegen Sie im Zweifelsfall anhand der Begriffsfelder: Geht es in der momentanen Situation darum, Persönlichkeit zu zeigen? Oder sind im Sinn der Sache Strategie und Gelassenheit gefragt?

AUTHENTIZITÄT:
Ich-Stärke
Persönlichkeit
Erziehung
Erfahrung
Charakter
Temperament
Prägung
Werte

PROFESSIONALITÄT:
Ziele
Strategien
Gelassenheit
Klugheit
Diplomatie
Souveränität
Psychologie
Methoden

Mit Risiken im Job leben lernen

Was vertreibt die Angst vor Fehlern?

Ich habe mich auf eine Führungsposition in unserem Unternehmen beworben— und bin ausgewählt worden. Bald werde ich Abteilungsleiterin mit weitreichenden Aufgaben. Erst habe ich mich total gefreut, doch jetzt merke ich, wie langsam eine lähmende Angst in mir hochsteigt. Was ist, wenn ich Fehler mache, falsche Entscheidungen treffe, wenn meinetwegen was schiefgeht? Ich brauche einen beruhigenden Satz von Ihnen.

Inke, 42

⇨ *Sabine Asgodom:* Ich weiß nicht, ob Sie das beruhigt – aber, ja, wahrscheinlich werden Sie Fehler machen, falsch entscheiden, sich irren. Sie wären sonst der erste Mensch auf der Welt, der fehlerfrei ist. Gegen die lähmende Angst, die Sie beschreiben, hilft es manchmal, sich zu erlauben, Fehler machen zu dürfen (diese sollten vielleicht nicht das Unternehmen ruinieren). Sagen wir mal, Sie erlauben sich drei Entscheidungspatzer im ersten Vierteljahr. Sie legen sich am ersten Tag des neuen Jobs drei Steine (ersatzweise Glasmurmeln oder Mensch-ärgere-Dich-nicht-Männchen) auf Ihren neuen Schreibtisch. Und wenn Sie was falsch gemacht haben, dürfen Sie einen davon wegnehmen.

Prima, dann brauchen Sie nur noch zwei Fehler zu machen, dann nur noch einen … Führungskräfte benötigen eine gewisse Risikobereitschaft, sonst entscheiden sie nämlich gar nichts. Ich freue mich, von Ihrer Erfahrung zu hören.

Den Chef für einen Aufstieg gewinnen

Wie komme ich in die Geschäftsleitung?

Seit 13 Jahren arbeite ich in einer kleinen Medienagentur. Man kann sagen, ich habe sie zusammen mit dem Gründer aufgebaut. Inzwischen haben wir sechs Mitarbeiter. Ich bin für die ganze kaufmännische Seite verantwortlich, ebenso fürs Personal. Ich trage aber offiziell immer noch die Bezeichnung »Assistentin der Geschäftsleitung«. Ich bekomme zwar ein sehr gutes Gehalt, habe auch große Freiheiten, aber ich finde, dass ich beispielsweise gegenüber den Kunden stärker auftreten könnte, wenn ich Mitglied der Geschäftsleitung werden würde. Aber ich weiß nicht, wie ich das meinem Chef beibringen soll, bisher habe ich mich nicht getraut.

Maria, 51

⇨ *Sabine Asgodom:* Offensichtlich haben Sie die Rolle praktisch schon inne. Wenn es um den offiziellen Titel geht, hilft ein überzeugendes Konzept: Sammeln Sie drei (oder fünf oder sieben) gute Gründe, warum Sie Mitglied der Geschäftsleitung werden sollten. Zum Beispiel Ihre Leistung, eine mögliche Wirkung auf Kunden und Mitarbeiter, Steigerung der Durchsetzungskraft ... Und dann schreiben Sie eine »Verheißung« dazu – also, welche positiven Folgen hätte diese Lösung für Ihren Geschäftsführer? Könnten Sie ihm Last und Verantwortung abnehmen, sich noch mehr einbringen, das Geschäft noch weiter ankurbeln? Vielleicht fällt Ihnen ein Satz ein, der so ähnlich lauten könnte: »Gemeinsam werden wir dein Unternehmen noch profitabler machen.« Natürlich gibt es keine Erfolgsgarantie, aber nicht gefragt haben Sie schon. Mit einem plausiblen Konzept stehen die Chancen fifty-fifty, mit einer Verheißung steigen sie noch deutlich weiter an.

Ein Konzept zur Gründung erarbeiten

Kündigung mit 48 – und was nun?

Ich arbeite seit 24 Jahren als Directrice in einem Familienunternehmen. Jetzt übernimmt die Tochter die Firma und hat mir angedeutet, dass sie auf meine Mitarbeit verzichten möchte. Das kommt mir sogar entgegen, weil ich seit Längerem davon träume, mich selbstständig zu machen. Ich kann sicher auch mit einer guten Abfindung rechnen. Aber bin ich nicht zu alt, um jetzt noch eine neue Existenz zu gründen? Aus meinem Freundeskreis höre ich solche Zweifel.

Esther, 48

⇨ *Sabine Asgodom:* Ich habe eine gute Nachricht: Immer mehr Gründer jenseits der 40 oder sogar 50 trauen sich in Deutschland, etwas zu unternehmen. Oft auf der Suche nach einer neuen Herausforderung oder weil sie (wieder) mehr Sinn in ihrer Arbeit erkennen wollen. Aber auch weil Unternehmen glauben, auf erfahrene Mitarbeiter verzichten zu können. Wie schrieb der Dichter Eugen Roth: »Ein Mensch schaut in die Zeit zurück und sieht: Sein Unglück war sein Glück.« Ich kann Sie nur ermutigen, sich ein Konzept zur Selbstständigkeit zu erarbeiten. Sie haben vier wertvolle Säulen dafür: Ihre Erfahrung, Ihre Erfolge, Ihre Ermutiger und Ihren Wunsch nach Erfüllung. Auf der Selbstcoaching-Seite habe ich die Vier-Säulen-Strategie für Gründerinnen zusammengefasst, die Ihnen erste Perspektiven aufzeigen können: Erfahrung, Erfolge, Ermutigung, Erfüllung.

Infos zur Existenzgründung und Vorlagen für einen Businessplan finden Sie im Internet auf der Seite des Bundeswirtschaftsministeriums, www.existenzgruender.de.

Selbstcoaching

VIER-SÄULEN-STRATEGIE FÜR GRÜNDERINNEN

Der Traum von der Selbstständigkeit kann wahr werden. Wenn Sie abchecken möchten, ob Sie es wirklich wagen wollen, empfehle ich, als Erstes die vier »E« zu bedenken.

- **Erfahrung:** Was können Sie, was die Welt braucht? Schreiben Sie die Erfahrungen auf, die Sie in Ihrem Berufsleben erworben haben. Worin kennen Sie sich aus? Welche Expertise bringen Sie mit? Was sind die Grundlagen einer möglichen Selbstständigkeit?
- **Erfolge:** Wann haben Sie unternehmerisches Geschick bewiesen? Was ist Ihnen wirklich gut gelungen? Was befähigt Sie, eine gute Unternehmerin zu sein? Erinnern Sie sich an starke Momente – und damit an Ihre Stärken.
- **Ermutigung:** Wer kann Sie auf dem Weg in die Selbstständigkeit begleiten? Gibt es einen wohlwollenden erfahrenen Menschen in Ihrer Umgebung, mit dem Sie über Ihre Ideen und Pläne reden können – der Sie ermutigt und gleichzeitig ernsthaft auf Ihr Konzept schaut?
- **Erfüllung:** Schreiben Sie auf, was Sie bewegt, sich auf eigene Füße zu stellen. Was erhoffen Sie sich? Was ist Ihr Ziel? Welches Lebensgefühl ist mit dem Wunsch nach einer Selbstständigkeit verbunden? Wie viel Kraft, Zeit und Geld sind Sie bereit zu investieren?

Offen erklären, wo der Schuh drückt

Darf ich meinem Chef die Meinung sagen?

Ich bin 44 und arbeite seit fünf Jahren als Assistentin für einen Geschäftsleiter. In den letzten acht Monaten hat sich die Arbeitssituation für mich sehr verändert. Ich vermute, mein Chef hat ein Burnout. Er vergisst Termine und Aufgaben, trifft Entscheidungen und behauptet später etwas total anderes. Ich kann mich gar nicht mehr auf ihn verlassen. Er ist schwer zugänglich, schnell genervt, macht aber enormen Druck. Mich belastet die Situation zunehmend. Der Spaß an der Arbeit geht total verloren. Ich habe einfach keine Lust, mich so stressen zu lassen. Würden Sie mir raten, mit meinem Chef zu sprechen? Ich möchte ihm nicht zu nahetreten, aber die Lage spitzt sich immer mehr zu.

Susanna, 44

⇨ *Sabine Asgodom:* Sie haben die Situation sehr aufmerksam beobachtet und geschildert. Was können Sie tun? Sie haben sich die Antwort quasi schon selbst gegeben. Und wie sagt man so schön: Der erste Impuls ist meist der richtige!

Wer, wenn nicht Sie, seine Assistentin, könnte es sich erlauben, ihn unter vier Augen auf seine Situation anzusprechen? Wie Sie schreiben, hatten Sie ja mal ein Vertrauensverhältnis zu ihm. Vielleicht können Sie erreichen, dass er sich behandeln lässt. Sie werden sicher mit viel Respekt und Einfühlungsvermögen vorgehen. Erklären Sie ihm, dass Sie sich Sorgen machen. Mir hat mal ein Arzt, der viele Burnout-Patienten behandelt, erzählt, dass Jähzorn eine Vorstufe bzw. ein Anzeichen von Ausgebranntsein sein kann. Reagiert Ihr Chef ungehalten, streitet alles ab, beschimpft Sie vielleicht sogar, werden Sie eh nicht mehr lange für ihn arbeiten wollen. Was haben Sie also zu verlieren? Vielleicht sind Sie für ihn aber auch wie das Kind aus dem Märchen »Des Kaisers neue Kleider«. Alle Untertanen taten, als würde der Herrscher wunderschöne Gewänder tragen, nur das unschuldige Kind rief laut: »Der hat ja gar nichts an!« Trauen Sie sich!

Eine belastende Phase im Job überstehen

Was muss ich mir vom Chef bieten lassen?

Ich arbeite als Sekretärin in Teilzeit 25 Stunden und beziehe seit dem Tod meines Mannes vor zwei Jahren eine Witwenrente von ca. 700 Euro. Da ich mit diesem Geld gut auskomme, möchte ich auch nicht mehr arbeiten. Ich besitze ein Auto, ein großes Haus mit Garten. Außerdem treibe ich viel Sport zur Trauerbewältigung und zum Stressabbau — ich bin also mehr als beschäftigt. Nun hat mein Arbeitgeber beschlossen, dass er seine Geschäftstätigkeit reduziert. Er hat mir nach 15 Jahren mit einer Frist von drei Monaten gekündigt. Meine Kollegin hat 40 Stunden gearbeitet, ihr wurde bereits gekündigt, und sie ist seit vier Wochen nicht mehr im Betrieb. Jetzt soll ich in der verbleibenden Zeit mit meinen 25 Stunden die ganze Arbeit abdecken! Mein Chef ist 71 Jahre alt und lässt keine andere Meinung gelten als seine. Ich kann nachts nicht mehr schlafen, ich kann keine Termine vereinbaren, da ich nicht weiß, wie und wann ich zu arbeiten habe. Was soll ich tun? Ich bin selbstverständlich auch beim Arbeitsamt gemeldet und schreibe Bewerbungen.

Ulrike, 52

⇨ *Sabine Asgodom:* Warum lassen Sie sich so unter Druck setzen? Schlimm genug, dass Sie Ihren Job verlieren, jetzt sollen Sie aus Dankbarkeit auch noch mehr arbeiten und die schlechte

Laune vom Chef aushalten? Was könnte er denn tun, wenn Sie auf Ihrer 25-Stunden-Woche beharrten? Sie rauswerfen? Hat er doch schon. Sie bedrohen? Dann wären Sie hoffentlich ruck, zuck beim Anwalt. Überlegen Sie, was Ihr Mann Ihnen geraten hätte! Vielleicht gibt Ihnen dieser Gedanke Stärke. Frauen lassen sich so viel mehr gefallen als Männer.

Unangenehme Wahrheiten mitteilen

Wie spreche ich Peinliches an?

Ich habe eine delikate Frage. Ich bin Abteilungsleiterin in einem großen Bekleidungsgeschäft. Unter meinen Mitarbeiterinnen ist eine Dame Ende 40, die seit einiger Zeit einen unangenehmen Schweißgeruch entwickelt. Ich schätze sie ansonsten sehr. Jetzt brauche ich einen Tipp, wie ich sie darauf ansprechen soll. Das Thema ist mir sehr unangenehm, und ich möchte sie auch nicht beschämen. Aber die Kolleginnen tuscheln auch schon darüber. Haben Sie eine Anregung für mich?«

Christa, 56

⇨ *Sabine Asgodom:* Ich kann mich gut in Ihre Situation hineinversetzen. Niemand mag solche Themen ansprechen. Es könnte für beide Seiten peinlich werden. Muss es aber nicht. Es braucht nur ein besonderes Maß an Wertschätzung für die Person, die Sie ansprechen. Und den Mut, nicht um den heißen Brei herumzureden. Was halten Sie von folgendem Szenario:

Sie bitten die Kollegin um ein Gespräch unter vier Augen. Begründen Sie im Gespräch zuerst, warum Sie die Zusammenarbeit schätzen und was Sie an der Kollegin besonders mögen. Und jetzt könnte der Satz folgen: »Und weil ich Sie so schätze, möchte ich ein Thema ansprechen, das etwas delikat ist. Mir ist aufgefallen, dass Sie seit einiger Zeit nach Schweiß riechen. Das kenne ich gar nicht von Ihnen.« Wahrscheinlich werden Sie jetzt erst mal beide rot. Und dann hat die Kollegin Gelegenheit zu erzählen, was los ist, denn meistens wissen Menschen schon, das etwas nicht stimmt, hoffen aber, dass die anderen es nicht merken. Am Schluss können Sie noch sagen:

»Danke, dass wir so offen darüber reden konnten. Kommen Sie bitte jederzeit auf mich zu, wenn ich irgendetwas für Sie tun kann.«

Selbstcoaching

DIE VIER-A-METHODE

Wenn Sie in Situationen kommen, in denen Sie anderen Menschen unangenehme Sachen sagen wollen/müssen, kann die Vier-A-Methode helfen, Peinlichkeiten zu ersparen und eine Lösung zu finden. Dazu gehört ein bisschen Mut und viel Wertschätzung. Und für Sie selbst ist es eine Übung in Souveränität.

A – Anklopfen
Wichtig ist, das Gespräch unter vier Augen zu führen. Deshalb lautet die Ausgangsfrage: »Haben Sie mal ein paar Minuten Zeit für mich?«

A – Anknüpfen
Sie legen das Gesprächsfundament mit Wertschätzung: »Toll, wie Sie ...« oder »Sie haben mir sehr geholfen ...« oder »Das Projekt entwickelt sich ja prima, Sie machen das sehr gut.«

A – Argumentieren
Jetzt zügig zur Sache kommen.
»Weil ich Sie so schätze, möchte ich gerne etwas ansprechen ...«

A – Abschließen
Haben Sie eine Lösung gefunden, bedanken Sie sich für die Offenheit und bieten Ihre weitere Hilfe an.

Dem Chef Grenzen aufzeigen

Wie stoppe ich bloß meinen Chef?

Mein Vorgesetzter lebt in Scheidung. Wenn er montags ins Büro kommt, hat er mieseste Laune und fängt immer wie wild an, mein Büro aufzuräumen. Bei ihm im Zimmer stapeln sich die Papiere, bei mir bringt er alles durcheinander. Was soll ich tun?

Annegret, 38

⇨ *Sabine Asgodom:* Das klingt nach einem Film – »Der Horror-Montag«. Ich habe bei meinen Freunden herumgefragt, was sie denn tun würden. Und meine Freundin Heidi hat mir erzählt, dass sie mal einen ganz ähnlichen Chef gehabt habe. Eines Mittags habe sie schließlich zu ihm gesagt: »Karlheinz, soll ich nach Hause gehen oder gehst du?« Er sei grimmig in sein Büro gestapft. Kurz darauf habe er sich brummelnd verabschiedet – er habe noch einen Termin. Danach hat sich dieser Chef nie wieder getraut, bei ihr auch nur einen Karton hochzuheben. Vielleicht ist dies ja eine Anregung für Sie?

Sich regelmäßig per Telefon austauschen

Wie halte ich Kontakt zu meinen Kollegen?

Ich arbeite seit neun Jahren als Sachbearbeiterin in der Kommunikationsbranche, seit einem Jahr im Home-Office. Das ist einerseits prima, da ich mir mindestens 90 Minuten Fahrzeit täglich spare, andererseits merke ich, wie ich in meinem Büro zu Hause immer mehr vereinsame. Es gibt zwar jeden Montag eine fachliche Telefonkonferenz mit dem Team. Aber mir fehlen die Gespräche mit den Kollegen, ehrlicherweise auch der Klatsch und Tratsch. Ich bekomme gar nicht mehr mit, was in der Abteilung los ist, welche Veränderungen anstehen, wer geht, wer gekommen ist … Ich weiß, dass es anderen Kollegen im Home-Office auch so geht. Haben Sie einen Tipp, was man tun kann, um aus der sozialen Isolation herauszukommen?

Doris, 45

⇨ *Sabine Asgodom:* Ich habe Ihre Frage neulich in ein Seminar mitgenommen und die Teilnehmer (aus Ihrer Branche) gefragt, wie sie mit der Vereinsamung umgehen. Und einer hatte eine ziemlich geniale Idee, finde ich. Er hat mit seinen Kollegen eine regelmäßige »Flurfunk-Telko« eingerichtet. Sprich: Er hat mit seinen Lieblingskollegen verabredet, dass sie einmal in der Woche privat telefonieren. Sprich: Sie nutzen die Telko-Möglichkeit des Unternehmens, um sich 30 Minuten auszutauschen, Büroklatsch weiterzugeben, von sich selbst zu erzählen, nachzufragen, wie es den anderen geht, etc. Er schwärmte sehr von dieser Einrichtung. (Danke, Frank!) Ich hoffe, liebe Doris, dass Sie mit der Idee etwas anfangen können.

Mit Kritik umgehen lernen

Wie gehe ich mit böser Kritik um?

Ich habe ein Modeatelier und schneidere vorwiegend für Businessfrauen. Alle Kundinnen loben mich in den höchsten Tönen. Doch jetzt hatte ich eine, die nur gemeckert hat. Als ihr Kleid fertig war, hat sie unter Protest gezahlt und mir angedroht, dass sie mich sicher nicht weiterempfehlen werde. Das ist vier Wochen her, und ich bekomme die Kritik nicht aus dem Kopf. Die Freude am Nähen ist mir verleidet. Was soll ich nur tun?

Annae, 49

⇨ *Sabine Asgodom:* Ich kann Sie gut verstehen. Ich erinnere mich noch an die erste Beurteilung eines Seminars von mir – vor mehr als 25 Jahren! Ich kann mir vorstellen, dass Sie eine tolle Designerin sind; gutes Feedback wird dann schnell selbstverständlich. Jetzt hat die Wirklichkeit Sie eingeholt. Wobei der Schnitt »99 zu 1« zufriedener Kundinnen ziemlich klasse ist, oder? Aber wenn Sie der eine Misserfolg immer noch ärgert, überlegen Sie mal, was Sie daraus lernen können: Was war anders mit dieser Kundin? Hätten Sie schon gleich was merken können? Was lag an der Kundin, was an Ihnen? Klüger werden ist immer hilfreich. Dazu finden Sie nachfolgend eine Selbstcoaching-Übung. (Übrigens: Ich bekam damals 29 »sehr gut« und »gut« – und ein »mangelhaft«. Letzteres hat mich jahrelang beschäftigt.)

Selbstcoaching

UNVOLLKOMMENHEIT AKZEPTIEREN

Haben Sie ständig das Gefühl, unzulänglich zu sein? So können Sie aktiv trainieren, mit Misserfolgen umzugehen: Tragen Sie doch mal zwei verschiedenfarbige Schuhe auf einer Party. (Ich verspreche Ihnen, an diesen Abend werden Sie sich Ihr Leben lang erinnern.) Oder kleckern Sie bei einer Einladung »aus Versehen« etwas Soße auf eine blütenweiße Damast-Tischdecke – oops, wie peinlich! Oder »vergessen« Sie doch bei einem Sonntags-Kuchen für Gäste einmal den Zucker (Sie können ja einen Zweitkuchen vorrätig halten). Mit diesen kleinen Versuchen lernen Sie, Nicht-perfekt-sein auszuhalten – und Sie spüren hoffentlich, wie unwichtig so ein Missgeschick im Vergleich zu anderen Problemen in dieser Welt ist.

Eine klare Ansage machen

Was bringt meine Kollegin zur Einsicht?

Ich sitze seit drei Monaten mit einer Kollegin zusammen, die niemanden mag: keine Sachsen, keine Kölner, keine Schwaben … und das muss sie – kaum ist die Tür hinter demjenigen geschlossen oder der Telefonhörer aufgelegt – immer lauthals verkünden. Sie regt mich unheimlich auf. Ich habe anfangs mehrmals nachgefragt, warum sie diese Menschen nicht leiden kann. Aber es kam nur Geblubber. Ich brauche eine Methode, mit der ich sie zum Schweigen bringe.

Gerti, 36

⇨ *Sabine Asgodom:* Warum wollen Sie denn die Kollegin nicht zu einem besseren Menschen machen und ihre gemeinsame Arbeitszeit zur Dauer-Therapie nutzen? Ach so, Sie müssen auch noch ein bisschen arbeiten nebenbei? Hm. Wie wär's denn, wenn Sie ihr einmal klar mitteilen: »Ich hab's kapiert, alles Idioten, das brauchst du mir in Zukunft nicht mehr zu erzählen. Gib mir nur noch ein Zeichen, wenn du jemanden magst, dann schaue ich mir diesen Übermenschen ganz genau an.« Sie dürfen dabei gern grinsen …

Für Kunden sichtbarer werden

Endlich selbstständig – und nun?

Letztes Jahr habe ich mir meinen Traum erfüllt und mich mit einer Naturheilpraxis selbstständig gemacht. Ich habe sehr schöne Räume und auch mehrere gute Ausbildungen plus die nötigen Zertifikate. Das Einzige, was noch fehlt, sind die Patienten. Ich halte mich mehr schlecht als recht über Wasser. Und obwohl ich schon Flyer in Geschäften deponiert und auch auf Mundpropaganda gehofft habe, läuft die Praxis sehr schleppend. Am liebsten hätte ich so eine Kolumne wie Sie in einer guten Zeitschrift. Ich brauche bitte Ihren ultimativen Tipp, wie ich an Patienten komme.

Veronika, 45

⇨ *Sabine Asgodom:* Für den Anfang empfehle ich Ihnen erst einmal, sich regional einen Namen zu machen. Denn Sie haben es richtig erkannt: Sichtbarkeit ist der halbe Erfolg. In Ihrer Praxis zu sitzen und auf Patienten zu warten macht tatsächlich wenig Sinn. Deshalb: Gibt es Gesundheitsthemen, über die Sie einen Vortrag halten könnten? In Gesundheitszentren, bei Frauennetzwerken oder an der Volkshochschule? Über Vorträge ergeben sich sinnvolle Kontakte. Oder könnten Sie Gruppen an Abenden oder Wochenenden anbieten wie »Pumperlgesund in Rente gehen« oder »Energie-Management für Hochleister« oder »Der Mütter-munter-mach-Kurs« …? Mit solchen Aktivitäten machen Sie sich einen Namen und erreichen Multiplikatoren, die in ihrer Familie oder im Bekanntenkreis gut von Ihnen sprechen könnten. Und noch eine Idee: Vielleicht ist Ihre Regionalzeitung an einer Wochenend-Kolumne interessiert: »Gesundheitstipps für die ganze Familie …«? Ausprobieren (vorher Liste mit Themen machen). Ich wünsche Ihnen viel Erfolg!

Sich trauen, Position zu beziehen

Kann man Führung eigentlich lernen?

Ich habe ein 1,0-Abitur gemacht und mein Studium in Rekordzeit absolviert, trotz einiger Auslandssemester. Danach habe ich mit »summa cum laude« promoviert. Heute bin ich Leiterin einer großen Abteilung – und stehe kurz vor dem Scheitern. Ich lasse mir immer wieder Arbeit meiner Mitarbeiter »zurückdelegieren«. Ich sitze dann abends zu Hause bis Mitternacht an meinem Laptop. Kürzlich hat mich mein Chef beiseite genommen und mich ermahnt, meine Abteilung straffer zu führen. Ich denke immer, die Leute müssten doch wissen, wie wichtig ihr Beitrag ist und worauf es ankommt?!

Michaela, 39

⇨ *Sabine Asgodom:* Die Antwort ist eindeutig: Ja, Führung lässt sich lernen! Vorweg: Können Sie sich vorstellen, dass Ihre Mitarbeiter anders sind als Sie? Wären sie genauso, wären es wohl nicht Ihre Mitarbeiter, sondern Ihre Mitbewerber. Sie sind doch sicher auch deshalb in Ihrer Position, weil Sie mehr Eigenverantwortung haben als andere. Viele weibliche Führungskräfte erwarten zu viel von ihren Mitarbeitern, kommunizieren zu wenig, wollen lieb gehabt werden – und sind bitter enttäuscht, wenn wieder mal ein Projekt an ihnen hängen bleibt. (Ja, ich weiß, es gibt auch andere.) »Dare to rule« – das habe ich mal in einer amerikanischen Zeitung gelesen: Trau dich zu regieren. Stellen Sie sich eine Königin mit Krone und Zepter vor. Sie steht kerzengerade, trägt den Kopf aufrecht. Ihr Blick ist offen und zugewandt. Sie steht für Klarheit, Bestimmtheit, Werte. Wecken Sie diese Königin in sich. Was man dazu braucht, lesen Sie in der Selbstcoaching-Übung. Denken Sie nicht, dass

Sie mit einem deutlichen Auftreten alle gegen sich haben. Klarheit schafft Harmonie (übrigens ein weiterer Lieblingsspruch von mir). »Dare to rule« bedeutet eben nicht, zur Tyrannin zu werden – die braucht kein Mensch.

Selbstcoaching

AUTORITÄT LÄSST SICH TRAINIEREN

Wenn Sie das Gefühl haben, dass andere Ihnen zu wenig Respekt entgegenbringen oder Ihre Anweisungen und Wünsche nicht erfüllen, könnte es daran liegen, dass Sie zu nett sind. Egal ob es um Mitarbeiter, Freunde oder Kinder geht – die Menschen spüren instinktiv, wie ernst Sie es meinen, wenn Sie Aufgaben verteilen oder um einen Gefallen bitten.

Hier einige Anregungen, mit denen Sie es schaffen, mehr Wirkung zu erzielen:

* Geben Sie feste Zeitvorgaben: Bis wann wollen Sie, dass die Aufgabe erledigt wird? »Bis morgen Mittag um zwölf brauche ich Ihren Bericht!«
* Sagen Sie klar und deutlich, wer was zu tun hat »Du bist dafür verantwortlich, dass . . .«
* Sprechen Sie Unpünktlichkeit an, wenn Sie das ärgert: »Du bist bitte um neun Uhr da.«
* Verlangen Sie Zwischenberichte: »Sagen Sie mir bis Mittwoch, um 15 Uhr Bescheid, wie weit Sie gekommen sind.«
* Machen Sie in Konferenzen eindeutige Ansagen: »Ich erwarte von Ihnen, dass Sie . . .«
* Reden Sie unmissverständlich: »Ich möchte, dass du . . .«

Wieder mehr Spaß an der Arbeit finden

Was tun gegen Langeweile im Job?

Ich arbeite jetzt seit 23 Jahren im selben Unternehmen, habe ein paarmal die Abteilung gewechselt, aber seit einigen Jahren ist es mir echt fad. Ich sehe keine Aufstiegschancen mehr für mich, und mir graust bei dem Gedanken, dass ich noch bis über 60 durchhalten soll. Haben Sie eine Anregung für mich?

Sabrina, 47

⇨ *Sabine Asgodom:* Sie stecken offensichtlich in der Routine-falle. Die kanadische Professorin Desjardins hat herausgefunden, dass jeder Berufsverlauf in fünf Phasen eingeteilt werden kann: Das erste Jahr in einem neuen Job ist meist geprägt von Stress. Im zweiten Jahr kommt Sicherheit dazu, erste Erfolge stellen sich ein. Im dritten Jahr ist »Erntezeit«, es läuft richtig rund. Im vierten Jahr läuft es zwar ähnlich, aber Routine stellt sich ein. Was früher noch anregend-aufregend war, wird jetzt leicht langweilig. Das fünfte Jahr (immer vorausgesetzt, es hat sich nichts verändert) wird »fad«. Die Wissenschaftlerin rät deshalb: Am besten sucht man zwischen dem dritten und vierten Jahr eine neue Herausforderung, sonst besteht die Gefahr, dass man in die »innere Kündigung« abrutscht. Wenn Ihr Unternehmen Sie nicht fördert und fordert, dann suchen Sie sich selbst neue Aufgaben. Ich habe für meine Coaching-Klienten das 3-Millionen Euro-Spiel entwickelt. Es kann ungemein befreiend sein herumzuspinnen, was Sie sonst noch beruflich tun könnten. Und manchmal kommen ein Businessplan und eine Existenzgründung dabei heraus.

Selbstcoaching

DAS 3-MILLIONEN-EURO-SPIEL

Stellen Sie sich vor, Sie hätten 3 Millionen Euro geerbt. Es gäbe nur eine einzige Bedingung, um das Geld zu bekommen: Sie müssten berufstätig bleiben. Was würden Sie dann beruflich tun?

Ob ganztags oder halbtags spielt keine Rolle; fest angestellt oder selbstständig ist auch egal. Sie müssen aber Geld mit Ihrer Arbeit verdienen. Das Geld nur verwalten gilt nicht als Berufstätigkeit.

Schreiben Sie jetzt auf, was Ihnen dazu in den Sinn kommt. Und dann kommt die Stunde der Wahrheit: Überlegen Sie, ob Sie wirklich so viel Geld für Ihren Traum bräuchten. Oder ob es um andere Themen geht:

- Mut?
- Bequemlichkeit?
- Angst vor Veränderungen?
- Mangelnde Unterstützung?
- Was bräuchten Sie wirklich, um den Traum zu verwirklichen?
- Gäbe es Kompromisse?
- Könnten Sie zum Beispiel Ihre Arbeitszeit reduzieren und in der »geschenkten« Zeit noch etwas anderes machen, in das Ihre Leidenschaft fließt?

3

»Sie dürfen anders sein –
die anderen auch!«

Vom Umgang mit Freundinnen und Nachbarn

Den meisten Stress machen uns nicht dramatische Lebensfragen, sondern er entsteht im täglichen kleinen Geplänkel mit Freundinnen, Bekannten, Nachbarn. Der eine grüßt nicht, die andere entpuppt sich als geizig. Die eine möchte kein Geld geschenkt bekommen, die andere zahlt geliehenes Geld einfach nicht zurück. Wie reagieren wir auf Unhöflichkeit und Gedankenlosigkeit? Was machen wir mit Angebern im Bekanntenkreis und Menschen, die ungefragt unsere Fotos ins Internet stellen? Die gute Nachricht: Es gibt für all das eine Lösung. Und manchmal sogar eine richtig lustige. In diesem Kapitel bekommen Sie ganz viel Inspiration, um die täglichen kleinen Störfeuer zu löschen, die Geplänkel zu beenden und souverän und fröhlich mit den Schwächen anderer Menschen umzugehen. Lassen Sie sich überraschen!

Neue Kontakte aufbauen

Bin ich zu großzügig?

Ich lebe nach meiner Scheidung seit drei Jahren allein, genieße es auch. Oft lade ich Gäste zu mir ein, Paare und Singles. Die kommen auch gern, wir essen, trinken, lachen, haben eine schöne Zeit. Aber ich bekomme nie eine Gegeneinladung. Langsam werde ich sauer. Liegt es daran, dass ich Single bin? Denken die anderen, ich bin als Frau auf der Pirsch nach einem Mann? Was kann ich tun?

Helena, 49

⇨ *Sabine Asgodom:* Ich weiß natürlich nicht, was in den Köpfen anderer vorgeht. Vielleicht denkt die eine oder andere Bekannte so. Hilft Ihnen aber auch nichts, das zu wissen. Die Amerikaner haben ein Sprichwort mit einem guten Rezept für Ihre Situation: »If you want to have a friend, be one.« Bedeutet: Wer Freunde haben möchte, muss einfach selbst ein guter Freund oder eine gute Freundin sein. Viele Menschen auf einen Schlag zu bezaubern ist schwer. Das endet oft in der Rolle des Alleinunterhalters. Vielleicht fangen Sie eher an, Einzelfreundschaften aufzubauen – echte Freundschaften. Dann sind Sie schon zwei echte Freunde. Und wenn jede zum Essen noch jemand Netten mitbringt, sind es schon vier. Dann acht, und irgendwann passt der Freundeskreis nicht mehr um den Esstisch.

Als Single unter Paaren klarkommen

Meine Freundinnen sind eifersüchtig!

Ich bin seit zwei Jahren verwitwet. Glücklicherweise habe ich einen sehr netten Freundeskreis, der mir über die schwierige Zeit hinweggeholfen hat. Trotzdem erlebe ich in letzter Zeit immer häufiger beim Zusammensitzen mit Paaren, dass die Frauen komisch auf mich reagieren. Abschätzende Blicke, blöde Bemerkungen wie »Na, Moni, bist du wieder auf der Pirsch?«. Mein Gott, was denken die? Ich bin immer noch sehr traurig über den Tod meines Mannes, wir waren 19 glückliche Jahre verheiratet. Glauben die Frauen, ich will ihnen ihren Mann wegnehmen? Ich unterhalte mich halt auch mal gerne mit Männern, schätze ihren Humor. Gönnen die Frauen mir das nicht? Wie soll ich mich verhalten?

Monika, 54

⇨ *Sabine Asgodom:* Ich verstehe Sie sehr gut, ich war auch mal vier Jahre zwischendrin solo und habe Ähnliches beobachtet. Ich möchte Ihnen die beschriebene Situation einmal mit den Augen der verheirateten Frauen zeigen:

»Da sitzt diese alleinstehende Frau neben meinem Mann. Ach, manchmal wünschte ich mir auch, frei zu sein, seufz. Die flirtet ja mit meinem Mann, wie sie ihn anstrahlt! Und wie aufmerksam er auf einmal ist, er spielt tatsächlich den Kavalier, holt ihr ein Glas Wein. Das macht er für mich nur noch nach Aufforderung. Wann habe ich das letzte Mal so mit ihm gelacht? Hallo, die verdreht ihm total den Kopf!«

In jeder langen Ehe gibt es Abnutzungserscheinungen. Viele verheiratete Frauen bekommen den direkten Zugang zu ihrem Mann nicht mehr, sie vermissen die Spontaneität, die sie anfangs so fasziniert hat, seine liebevolle Aufmerksamkeit. Dann sitzt plötzlich eine andere Frau neben ihm, und sie erkennen den Mann von früher wieder. Was Wunder, dass ihnen das Angst macht! Die Frauen können ja nicht wissen, dass Ihr Vergnügen ganz harmlos ist.

Wie können Sie reagieren? Das Zauberwort heißt weibliche Solidarität. Sie gehen nach der netten Unterhaltung zur Ehefrau besagten Mannes und sagen:

- »Danke, dass Sie so großzügig waren, mir ein wenig Zeit mit Ihrem Mann zu schenken. Wissen Sie, ich bin seit dem Tod meines Mannes oft sehr einsam. So ein Männerlachen tut ab und zu gut. Sagen Sie, was macht Ihr Schulprojekt?« Oder:
- »Dein Mann kann ja richtig charmant sein. Und er hat so von dir geschwärmt. Ich finde, ihr zwei passt wunderbar zusammen.« Oder:
- »Ich beneide dich. Ich weiß, irgendwann werde auch ich noch einmal der großen Liebe begegnen. Irgendwo da draußen auf der Welt läuft er schon herum, auch wenn ich ihn noch nicht kenne.«

Den ersten Schritt machen

Was ist los mit den neuen Nachbarn?

Vor Kurzem ist ein junges Paar mit Baby in die Wohnung neben uns eingezogen. Ich hätte erwartet, dass die sich mal bei uns vorstellen, aber Fehlanzeige. Zufällig treffe ich sie auch nie. Haben diese Leute keine Kinderstube? Oder ist das ein Zeichen dafür, dass die mit der Hausgemeinschaft nichts zu tun haben wollen?

Gerlinde, 61

⇨ *Sabine Asgodom:* Ich weiß nicht, was »die« bewegt. Aber lassen Sie sich eine Geschichte erzählen: Ich bin vor über 30 Jahren mit meiner kleinen Familie (Mann, zwei Kinder, zwei Jahre und sechs Monate) in eine neue Wohnung gezogen. Stress pur. Am zweiten Tag kam eine Nachbarin mit einem Blumenstrauß und dem traditionellen Brot-und-Salz-Paket, um uns herzlich willkommen zu heißen und Glück zu wünschen. Ich war völlig überwältigt. Es stellte sich heraus, dass sie Amerikanerin war, und sie erzählte mir, bei ihr zu Hause würden neue Nachbarn immer so begrüßt. Die seien nach dem Umzug ja noch so gestresst und beschäftigt, dass sie keinen Kopf für diesen ersten Schritt hätten. Ich habe das Erlebnis und die nette Nachbarin nie vergessen und pflege diesen Brauch seitdem genauso. Auf diese Weise habe ich immer nette Nachbarn kennengelernt. Vielleicht können Sie die junge Familie ebenso herzlich begrüßen? Und aus »die« wird »sie«.

Eine Freundin akzeptieren, wie sie ist

Passt meine alte Freundin noch zu mir?

Anfang der 80er-Jahre hatte ich eine sehr gute Freundin. Dann wurde sie schwanger. Ich habe keine Kinder. Irgendwann verlief diese Freundschaft im Sande. Vor zwei Jahren habe ich mich per Postkarte bei ihr gemeldet und geschrieben, dass ich mich über einen Anruf freuen würde. Sie reagierte prompt, und wir hatten am Telefon und auch, als wir uns nach einigen Monaten bei ihr trafen, das Gefühl, uns wieder sehr nahe zu sein. Doch inzwischen habe ich festgestellt: Wir leben nicht nur räumlich – Dorf/Großstadt –, sondern auch gedanklich in völlig anderen Welten. Abgesehen von ein paar altersbedingten Zipperlein, geht es ihr sehr gut, aber sie ist einfach nicht ausgelastet. Sicher wäre es gut für sie, zum Beispiel eine ehrenamtliche Tätigkeit zu übernehmen. Wie kann ich ihr, ohne sie zu verletzen, meinen Standpunkt klarmachen? Ich möchte die Beziehung eigentlich nicht wieder aufgeben, merke aber, wie mich das Jammern auf sehr hohem Niveau doch belastet.

Dagmar, 61

⇨ *Sabine Asgodom:* Sie sehnen sich nach etwas, das bestimmt einmal sehr schön war. Nun versuchen Sie, dieses Gefühl wiederzubeleben. Und das klappt nicht. Freundinnen können wir uns eben nicht zurechtbiegen. Im Gegenteil, gegenseitige Akzeptanz ist die Grundlage solcher Beziehungen. Wie heißt die Postkarten-Weisheit: »Ein Freund ist ein Mensch, der dich mag, obwohl er dich kennt.« Nichts spricht dagegen, in einer Freundschaft Klartext zu reden. Aber die Zielsetzung finde ich in Ihrem Fall problematisch: Warum wollen Sie Ihre Freundin belehren? Glauben Sie, dass sie sich dadurch ändert? Oder soll sie es Ihnen zuliebe tun? Betrachten Sie's ganz objektiv. Vielleicht wäre es sinnvoller, Ihre Zeit in neue Freundinnen zu investieren.

Wie gehe ich mit einem Großmaul um?

Wir haben einen Mann im Freundeskreis, der mir mehr und mehr auf die Nerven geht. Wenn wir zusammensitzen, reißt er alle Gespräche an sich. Man hört am Tisch nur noch seine Stimme. Andere kommen gar nicht mehr zu Wort. Oder wenn sie sich tatsächlich mal durchsetzen, reicht ihm ein kleines Stichwort, um einzuhaken: »Da habe ich auch mal was erlebt . . .« Ich überlege mir, ob ich ihn mal darauf anspreche. Ist das eine gute Idee?

Christiane, 44

⇨ *Sabine Asgodom:* Oh ja, ich kenne solche Profilneurotiker auch. Ansprechen ist eine Möglichkeit – meine Empfehlung: wenn, dann im kleinen Kreis, am besten unter vier Augen, aber auf keinen Fall in der Öffentlichkeit. Sagen Sie ihm, was Sie stört, warum Sie sich wünschen, dass er sich mehr zurücknehmen sollte. Ein ehrlicher Grund könnte sein, dass Sie von diesem Menschen nicht als »Zwerg« hingestellt werden möchten. Sagen Sie ihm unbedingt auch, was Sie an ihm schätzen, warum Sie ihn gern in Ihrem Freundeskreis behalten möchten. Viele Menschen trauen sich nicht, einem solch dominanten Menschen überhaupt eine Rückmeldung zu geben. Vielleicht merkt er es selbst also gar nicht. Eine Alternative: mit den anderen Freunden zu vereinbaren, dass Sie sich einfach nicht mehr über den Mund fahren lassen. Sagen Sie ihm konsequent, wenn er ansetzt: »Halt, ich möchte auch gern hören, was Claudia/Manfred/Birgit dazu zu sagen hat!«

Geld von der Freundin zurückfordern

Wie bekomme ich mein Geld wieder?

Ich habe vor zwei Jahren einer jüngeren Freundin Geld geliehen, 1000 Euro, als Ärztin verdiene ich nicht schlecht. Auch Gerti ist nicht arm, aber sie war damals in einer wirklichen Notlage und hatte mir versprochen, es innerhalb eines Jahres zurückzuzahlen. Jetzt sind zwei Jahre vergangen, und ich habe noch immer keinen Cent gesehen, obwohl sie arbeitet. Ich hatte viel Geduld mit ihr, sie hat mich immer wieder vertröstet. Aber jetzt habe ich von einer anderen Freundin gehört, dass Gerti mit ihrem Freund eine Woche in Urlaub gefahren ist. Ich habe sofort gedacht: Hey, mit meinem Geld! Ich bin richtig enttäuscht von ihr. Was kann ich tun?

Helene, 51

⇨ *Sabine Asgodom:* Ich kann verstehen, dass Sie sauer sind. Das wäre ich auch. Also das Problem unbedingt ansprechen, wenn die Freundin wieder da ist. Es ist Ihr Geld, und Sie haben einen Anspruch, es zurückzubekommen. Bevor Sie juristische Maßnahmen einleiten, was Ihr gutes Recht wäre, können Sie Gerti ja vielleicht eine der folgenden Möglichkeiten anbieten:

1. Die Freundin zahlt das Geld sofort auf einen Schlag zurück.
2. Die Freundin zahlt es ab sofort monatlich in kleinen Raten zurück (50 oder 100 Euro).
3. Sie suchen sich in der Wohnung der Freundin etwas aus, was dem Wert von 1 000 Euro entspricht, vielleicht Schmuck, Taschen oder einen schönen Schrank.
4. Die Freundin arbeitet das Geld bei Ihnen ab, vielleicht brauchen Sie Hilfe im Haus, im Garten, in der Praxis …

Freundschaften halten solche Verwerfungen leider selten aus. Ich habe aber selbst schon erlebt, dass nach der erfolgten Rückzahlung ein ganz neues Verhältnis aufgebaut werden kann. Also, trauen Sie sich!

Für und Wider sorgsam abwägen

Was kann ich gegen die Foto-Flut tun?

Durch meinen neuen Partner bin ich auch Teil seines Freundeskreises geworden. Leider ist es dort üblich, jedes Zusammentreffen fotografisch festzuhalten. Man kann sicher sein, am nächsten Tag sämtliche Fotos (auch die unvorteilhaftesten) zugesandt zu bekommen. Das verdirbt mir rückwirkend den Spaß. Meine Bitte, mir keine Fotos zu schicken, verhallt meistens ungehört. Einerseits finde ich mich albern, wenn ich die zugeschickten Bilder einfach ungesehen lösche. Und andererseits verderben mir hässliche Aufnahmen wirklich die Laune. Haben Sie einen Tipp für mich?

Simone, 47

⇨ *Sabine Asgodom:* Ich verstehe Sie gut. Sie haben viele Möglichkeiten, wie Sie reagieren könnten. Wenn Sie herausfinden wollen, was die für Sie beste Lösung ist, nutzen Sie doch die folgende Übung. Und handeln Sie dann nach Ihrem Gefühl!

Selbstcoaching

DIE BESTE LÖSUNG FÜR MICH FINDEN

Mit dieser Übung können Sie Ideen für Lösungen sammeln (auch völlig überzogene oder verrückte) und sich anschließend für eine entscheiden. Nehmen wir das Beispiel von Simone. Was kann sie gegen die Fotos tun?

In Runde eins werden nur Ideen gesammelt, ohne zu bewerten:

Möglichkeit 1: Fotos ohne Anschauen einfach löschen.

Möglichkeit 2: Die Freunde darauf ansprechen, das zu unterlassen.

Möglichkeit 3: Blöde Fotos löschen, die anderen aufheben.

Möglichkeit 4: In einem Brief mit Anwalt drohen.

Möglichkeit 5: Zurückschießen – unvorteilhafte Fotos von Freunden machen und ihnen zuschicken.

Möglichkeit 6: Nichts mehr mit den Freunden unternehmen.

Möglichkeit 7: Akzeptieren, auf Fotos manchmal unvorteilhaft auszusehen. That's life!

Möglichkeit 8: Zu Beginn der Veranstaltung Handys und Fotoapparate einsammeln und wegschließen.

Möglichkeit 9: Freunde nerven – sich in Pose setzen und immer wieder fotografieren lassen.

Möglichkeit 10: Akzeptieren: Manchmal sehe ich halt blöd aus.

Möglichkeit 11: Die Freunde bitten, nur noch »schöne Fotos« zu schicken.

Möglichkeit 12: Froh sein, dass die Freunde die Fotos nicht auf Facebook veröffentlichen.

In Runde zwei werden die verschiedenen Ideen bewertet. Es werden Punkte zwischen 0 (gefällt mir gar nicht) und 10 (super) vergeben. Dann die Lösung mit der höchsten Punktzahl umsetzen.

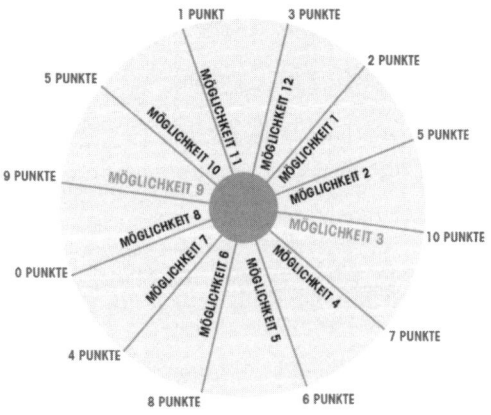

Entspannt auf Unhöflichkeit reagieren

Wo sind die guten Manieren geblieben?

Ich rege mich darüber auf, dass es immer mehr Menschen ohne Kinderstube gibt. Da stürzen Kollegen in mein Büro, ohne zu grüßen, oder nehmen sich Süßigkeiten aus einer Schale, ohne Bitte und Danke zu sagen, geschweige denn zu fragen. Dasselbe im Bus, im Supermarkt, da wird vorgedrängelt und weggeschubst. Ich bin oft so enttäuscht, dass ich gar keine Lust mehr habe, anderen irgendetwas anzubieten oder höflich zu sein. Wie soll ich mit Leuten umgehen, die keine Rücksicht nehmen? Kann man sie erziehen?

Melanie, 51

⇨ *Sabine Asgodom:* Ich verstehe Ihre Empörung recht gut, kann Ihnen aber aus meiner Lebenserfahrung sagen, dass sie nichts bringt. Denn der einzige Mensch, den Sie ändern können, ist der, den Sie morgens waschen, kämmen, anziehen, schminken ... Das heißt nicht, dass Sie nichts tun können: Also, ich würde in Ihrer Bürosituation die Süßigkeiten nicht mehr so freizügig hinstellen. Nette Kollegen können Sie danach fragen, die anderen sollen dumm schauen. Oft kann man auch mit Humor etwas verändern. Er ist ein Schlüssel zu mehr Gelassenheit. Ich bin ja viel mit dem Flugzeug unterwegs und habe mich beispielsweise früher fürchterlich aufgeregt, wenn Menschen beim Einsteigen drängeln. Ich habe tadelnde Blicke geschickt und böse Bemerkungen gemacht. Aber eigentlich hat dies nur mir den Tag versaut. Irgendwann habe ich mir einen Satz angewöhnt, der mich immer wieder zum Lachen bringt. Wenn es jemand offenbar ganz besonders eilig hat, trete ich einen Schritt zur Seite und sage lächelnd: »Fliegen Sie ruhig vor mir!« Der andere rast los, und plötzlich reißt es ihn: »Was hat die gerade gesagt?« Wir grinsen uns an, und der Tag ist mein Freund.

Nein sagen lernen bei der Freundin

Wie gehe ich mit einer geizigen Freundin um?

Ich habe eine Freundin, von der ich immer mal wieder zu Geburtstagsfeiern und Festen eingeladen werde. Wenn ich kurz davor mit ihr telefoniere, jammert sie immer: »Ich weiß gar nicht, ob wir genug zu essen dahaben.« Damit bringt sie mich immer dazu zu fragen: »Soll ich noch etwas mitbringen?« Und schon höre ich: »Ja, gern.« Und dann muss ich mich in die Küche stellen und noch etwas zum Mitbringen vorbereiten. Ich komme mir langsam doof vor. Ich finde, sie könnte doch offen sagen, dass alle Gäste etwas mitbringen sollen. Oder sie lädt zu Getränken und nicht zum Essen ein – geht doch auch. Ich fühle mich von ihr manipuliert. Soll ich ihr sagen, dass mich ihr Geiz ärgert?

Kerstin, 43

⇨ *Sabine Asgodom:* Natürlich können Sie ein Grundsatzgespräch führen. Das Ergebnis: gegenseitige Schuldvorwürfe, Rechtfertigungen, Tränen, vielleicht auch Schmollen bis in alle Ewigkeit. Aber Sie dürfen es sich ruhig auch mal einfach machen. Wenn Sie das nächste Mal mit Ihrer Freundin in ein solches Gesprächsfahrwasser geraten, fragen Sie nicht, ob Sie etwas mitbringen sollen, sondern sagen: »Ach, das wird schon reichen. Wir sind ja alle nicht unterernährt und werden schon nicht verhungern. Ich freu mich schon aufs Fest! Also bis morgen.«

Kinder im Spiel angemessen herausfordern

Muss ich ein Kind gewinnen lassen?

Gestern waren Freunde von uns mit ihrem neunjährigen Sohn Lucca zu Besuch. Der Kleine ist sehr weit für sein Alter, u. a. spielt er schon ziemlich passabel Schach. Er hat mich gebeten, mit ihm zu spielen. Ich spiele mittelgut Schach und habe zwar gewonnen, aber er hat sehr beeindruckend gespielt. Lucca wollte Revanche, ich habe ihn erneut matt gesetzt. Aber er hat mich wirklich gefordert. Ich habe ihm gesagt, dass er ein sehr ernst zu nehmender Gegner sei und dass ich gern wieder einmal mit ihm spielen würde. Hinterher hat mich mein Mann kritisiert, dass ich den Jungen wenigstens einmal hätte gewinnen lassen sollen. Darüber sind wir uns richtig in die Haare geraten. Wer hat nun recht? Übrigens, wir selbst haben keine Kinder.

Claudia, 46

⇨ *Sabine Asgodom:* Richterin in dieser Frage will ich nicht sein, aber ich kann Sie gut verstehen: Schach ist eine Herausforderung und das Leben kein Ponyhof. Und da der Sohn Ihrer Freunde ja wohl recht helle ist, würde er es womöglich sogar merken, wenn Sie ihn extra gewinnen ließen. Das wäre für sein Selbstbewusstsein vielleicht schädlicher als die Erfahrung, dass er zwar ernst genommen wird, aber noch Schüler ist, nicht Meister. Wenn seine Eltern ihn aus Liebe ab und zu gewinnen lassen, auch damit er nicht entmutigt wird, ist es ihre Sache. Ich kann mir vorstellen, dass Sie eine wirkliche Herausforderung für den Knaben waren und seinen Ehrgeiz angestachelt haben. Vor allem wenn Sie ihm, wie geschehen, Respekt erwiesen haben.

Den Freundeskreis kritisch überprüfen

Was ist mit meinen Bekannten passiert?

Mich stört etwas, und ich weiß nicht, wie ich damit umgehen soll: In meinem Bekanntenkreis wird nur noch angegeben! Wenn wir uns auf Festen oder bei Veranstaltungen treffen, erzählt jeder nur noch, was er oder sie Tolles erreicht, bekommen oder gemacht hat. Der eine hat sich ein neues – natürlich super teures – Motorrad gekauft und redet von nichts anderem mehr, die anderen haben jetzt einen Riesenpool im Garten und zeigen Bilder herum, und die Dritte quatscht nur noch von ihrer Abenteuerreise durch Birma. Die Uni- oder Berufs-erfolge der Kinder werden stundenlang breitgetreten. Und dass jede Frau von ihren Abnehmerfolgen berichtet, als hätte sie gerade den Nobelpreis gewon-nen, ist sowieso klar. Ich habe keine Lust mehr auf so was! Bin ich neidisch, wie mir eine Bekannte süffisant unterstellt hat? Spinne ich oder die?

Katharina, 53

⇨ *Sabine Asgodom:* Au weia. Ich bekomme schon Magenweh vom Lesen Ihrer Zeilen. Ich spüre das körperliche Unwohlsein allein bei der Vorstellung, in der Gesellschaft dieser Menschen sein zu müssen. Und ja, ich kenne solche Kreise (ich wohne ja in Mün-chen). Um Sie zu beruhigen: Ich habe keinen Hinweis aus Ihrem Brief herausgelesen, dass Sie an Neid ersticken oder »spinnen«. Manchmal wachsen wir aus unserem Freundes- oder Bekannten-kreis hinaus. Anfangs hat man noch gemeinsame Interessen, oft läuft es über die Kinder oder den Beruf. Und dann entwickeln sich Menschen unterschiedlich (wie in Paar-Beziehungen ja auch). Was würde ich tun, wenn ich in Ihrer Situation wäre? Ich würde als Ers-tes gucken: Sind wirklich alle so? Wenn nicht, dann würde ich das Gespräch mit denen suchen, zu denen Sie noch einen Draht haben.

Und die Begegnungen mit den Aufschneidern zukünftig reduzieren. Wenn alle so sein sollten: Dann würde ich versuchen, nach und nach meinen Freundeskreis zu verändern. Ich würde herausfinden, worüber ich mich gern unterhalten würde. Welche Gespräche mich inspirieren würden. Und dann würde ich überlegen, wo ich solche Menschen treffen könnte. Bei Vorträgen oder in Kursen? In Initiativen? Bei meinem Lieblingshobby? Übrigens: Ich habe für mich entschieden: Auf die Frage »Wer ist hier eigentlich bekloppt – ich oder die anderen?« ist meine Antwort klar: »Ich nicht!«

Ruhestörer freundlich zurechtweisen

Darf ich Telefonierer im Zug um Ruhe bitte?

Ich reise sehr viel mit dem Zug. Meinen Platz reserviere ich immer im Ruheabteil, weil ich gern lese. Nun passiert es immer wieder, dass andere Reisende sich nicht an die Regeln halten und zum Beispiel lange und lautstark telefonieren. Darf ich diese Menschen auffordern, dass sie bitte aufhören mögen? Ich finde, ich habe ein Recht dazu, aber manche Reaktionen machen mir Angst – wie viel Aggressivität mir da entgegenschlägt, ist erschreckend! Sollte ich lieber versuchen zu lernen, gelassen mit dem Geräuschpegel umzugehen?

Agnes, 52

⇨ *Sabine Asgodom:* Oh ja, solche aggressiven Reaktionen kenne ich. Mein Mann ist mutig, er stellt sich vor Leute, die ach so wichtig, wichtig in ihr Telefon blöken, und sagt laut: »Hören Sie bitte damit auf, dies ist das Ruheabteil!« Ich denke immer, irgendwann bekommt er eine gelangt. Ich folge lieber einer anderen

Strategie. Ich habe nichts dagegen, wenn jemand kurz per Handy seine Ankunftszeit oder Verspätungen durchgibt. Für den Fall, dass jemand richtig stört, habe ich am Computer Schildchen entworfen und ausgedruckt, die ich störenden Telefonierern freundlich in die Hand drücke: »Sie sitzen in einem Ruheabteil, hier ist Telefonieren nicht gestattet. Bitte respektieren Sie Ihre Mitreisenden. Danke.« Bis jetzt hat dieser Hinweis noch immer gewirkt. (Mein Mann nennt die übrigens »Asgodoms Halt-die-Schnauze-Karten«.) Vielleicht mögen Sie das mal ausprobieren? Ich bin auf Ihre Erfahrung gespannt.

Im Bekanntenkreis Geld verschenken

Wie schenkt man einer Freundin Geld?

Eine liebe Bekannte feiert bald ihren 60. Geburtstag und ihr größter Wunsch ist eine Reise nach Island. Sie steht noch voll im Arbeitsleben, ist fit und attraktiv, allerdings ist das Geld (seit einer miesen Scheidung) immer knapp. Haben Sie eine Idee, wie wir (einige Freunde, ihre erwachsenen Kinder) diese Reise großzügig unterstützen könnten? Mit etwa 1500 Euro ist auf jeden Fall zu rechnen.

Claudia, 54

⇨ *Sabine Asgodom:* Wenn die Frage heißt, wie helfen wir ihr, es annehmen zu können, verweise ich auf eine Freundin, die nach einem solchen Geschenk ein schlechtes Gefühl hatte und von ihrer Schwester mit den schlichten Worten beruhigt wurde: »Nimm's an, die haben alle mehr Geld als du!«

Mit einer Freundin brechen

Werde ich schrullig?

Vor drei Jahren habe ich mich von meiner Sandkasten-Freundin losgesagt. Wir haben zusammen immer viel unternommen. Aber sie lebt alleine und gab mir ständig zu verstehen, dass ich alles hätte: Mann, Kind, Enkel, Haus, Geld. Ich habe das geschluckt, hatte Verständnis. Immer wieder mal lud ich sie zum Essen oder ins Café ein. Nie ließ ich heraushängen, dass wir »mehr« haben. Bei Städtereisen bediente sie sich gerne an meiner Kosmetik oder steckte was ein. Nachdem mit den Jahren ihr Neid größer wurde und sie zunehmend schnippisch reagierte, habe ich sie nicht mehr angerufen und die Freundschaft damit beendet. Reden wollte ich nicht mit ihr darüber, weil ich wusste, dass ich sie damit nur verletze. Werde ich schrullig?

Elisabeth, 65

⇨ *Sabine Asgodom:* Wenn Sie schrullig mit klug, selbstbewusst und konsequent übersetzen, dann ja. Herzlichen Glückwunsch!

Die Freude nur mit echten Freunden teilen

Sollen wir allen unser neues Haus zeigen?

Wir sind vor vier Wochen umgezogen. Mein Mann und ich haben unser neues Heim mit viel Eigenarbeit fertiggestellt und sind sehr stolz darauf. Er möchte eine »Housewarming-Party« machen, aber ich habe Bedenken. Sieht es nicht angeberisch und arrogant aus, wenn wir unser Haus »vorführen«?

Sina, 47

⇨ *Sabine Asgodom:* Herzlichen Glückwunsch! Sie haben sich Ihr neues Heim wirklich durch viel Einsatz verdient. Also, warum keine Einweihungsfeier? Ein solches Fest soll ja auch den guten Geist ins Haus bringen, es sozusagen »taufen«. Es liegt an Ihnen und Ihrem Mann, ob Sie arrogant erscheinen – oder einfach stolz. Arroganz hat mit Selbsterhöhung, Blasiertheit, Distanz, Kälte zu tun, Stolz dagegen mit Freude, Begeisterung, Wärme, Nähe. Und wenn Sie Menschen in Ihr Heim einladen und diese die Freude und Dankbarkeit über das Erreichte spüren lassen, werden Sie sich mit Ihnen freuen.

Überlegen Sie vorher, wen Sie wirklich dabeihaben wollen. Und streichen Sie alle, die Sie nur beeindrucken wollen.

Den Wert einer Freundschaft überdenken

Was tun, wenn eine Freundin mauert?

Eine meiner besten Freundinnen hat vor Kurzem geheiratet und mir erst zwei Tage vorher eher nebenbei Bescheid gegeben. Ich hatte bereits einen Termin an dem Tag, den ich einfach nicht mehr verschieben konnte. Auf Facebook hat sie vom Standesamt ein Foto gepostet mit dem Hinweis »Zusammen mit allen, die mir wichtig sind«. Ich bin total enttäuscht von ihr und fühle mich richtig gekränkt. Das habe ich ihr auch gesagt. Daraufhin hat sie nur schnippisch geantwortet, wir seien ja wohl nie richtige Freundinnen gewesen, wenn ich das so sähe. Warum tut sie das? Oder hat sie vielleicht sogar recht, aus ihrer Sicht zumindest? Ich bin vollkommen durcheinander und bräuchte Ihre Einschätzung.

Susanne, 42

⇨ *Sabine Asgodom:* Ich kann Ihre Enttäuschung gut verstehen. Offensichtlich sind Sie nicht (mehr) ihre beste Freundin. Ich möchte mit Ihnen dazu eine Beobachtung teilen: Ich habe schon oft erlebt, dass alleinstehende Frauen enge Freundinnen sein können. Sie gehen zusammen aus, fahren gemeinsam in Urlaub, teilen Freud und Leid – in großer Intimität (und manchmal mit einem sehr ähnlichen kritischen Männerbild). Die große Innigkeit endet dann abrupt, wenn sich eine von beiden verliebt. Mir hat mal eine Frau erzählt: »Ich habe jetzt einen neuen besten Freund, meinen Partner. Die früheren Freundinnen sind dadurch nicht mehr so wichtig für mich.« Klingt herzlos und ist trotzdem verständlich.

Sie allein entscheiden jetzt, ob Sie diese »Freundin« auf einer neuen Ebene weiter treffen wollen oder nicht. Vielleicht braucht es einfach ein bisschen Zeit, in der Sie beide erkennen können, wie wertvoll Ihnen Ihre Freundschaft letztlich war.

Ab und an um Hilfe bitten

Wodurch finde ich Kontakt zu Nachbarn?

Ich bin vor Kurzem in eine Siedlung am Stadtrand gezogen, wo ich mir eine sehr hübsche Eigentumswohnung mit Gartenanteil gekauft habe. Tagsüber bin ich im Büro (ich arbeite als Industriekauffrau) und komme normalerweise erst so gegen 18 Uhr nach Hause. Mein Problem: Ich finde keinen Kontakt zu meinen Nachbarn. Die meisten sind Paare – und älter als ich. Ich grüße höflich, aber da kommt nicht viel zurück. Vielleicht liegt es an mir, ich habe kein großes Smalltalk-Talent. Freunde habe ich genug in der Stadt, aber gute Nachbarschaft ist doch auch wichtig. Haben Sie einen Tipp für mich?

Manuela, 53

⇨ *Sabine Asgodom:* Ja, gute Nachbarschaft ist gedeihlich für den Seelenfrieden. Versuchen Sie es doch mal mit der »Bitte hilf mir«-Methode. Alle Menschen mögen es, wenn sie helfen können. Sie mögen es noch mehr, wenn ihr Expertenwissen oder ihre Kompetenz auf irgendeinem Gebiet gefragt ist und anerkannt wird. Vielleicht kommen Sie ja darüber ins Gespräch – und schaffen eine Basis. Hier zwei Beispiele:

Die Nachbarin hat einen tollen Garten? Sprechen Sie sie doch einfach darauf an: »Könnten Sie sich bitte mal meine Rosen ansehen, Ihre blühen viel schöner. Was mache ich nur falsch?« Vielleicht gibt's dann noch eine Tasse Kaffee am Gartentisch … Oder: Die Nachbarin macht Nordic Walking? Passen Sie sie vor der Haustür ab: »Ich sehe Sie häufig mit Ihren Stöcken losziehen. Ich möchte mich auch mehr bewegen. Haben Sie einen Tipp für mich?« Vielleicht erweisen sich die Leute von nebenan als ziemlich nett, nachdem Sie den ersten Schritt getan haben. Und: Wenn die Basis zwischen Menschen stimmt, dann kann man eher auch mal Ärger loswerden und um Rücksicht bitten.

Eigene Fehler einsehen und zugeben

Darf ich mich um denselben Job bewerben wie meine Freundin?

Ich habe per Zufall mitbekommen, wie eine Freundin sich nach einem Job erkundigt hat. Am nächsten Tag informierte ich mich selber dort. Per SMS schrieb ich meiner Freundin, dass ich mich auch für diese Stelle bewerben möchte. Zuerst war Funkstille, auf mein nochmaliges Nachfragen meinte sie, dies sei doch wohl total daneben. Sie hat die Stelle bekommen, und ich habe ihr herzlich und ehrlich dazu gratuliert. Sie möchte jetzt aber Abstand zu mir. War das wirklich ein unverzeihlicher Fauxpas?

Marlene, 55

⇨ *Sabine Asgodom:* Wenn ich Ihre Freundin gewesen wäre, hätte ich sofort Ihre Nummer aus den Kontakten im Handy gelöscht! Hinter meinem Rücken will mir meine Freundin den Job wegnehmen, den ich so dringend brauche?! Ja, das ist ein Fauxpas. Unverzeihlich ist er nicht. Zumindest wenn Sie einsehen, dass Sie einen Fehler gemacht haben, und sich aufrichtig entschuldigen.

Mehr Zivilcourage wagen

Flüchtlingen helfen – trotz Warnungen?

In einem Gasthof unserer Gemeinde ist ein Flüchtlingsheim eingerichtet worden, darin wohnen jetzt zwölf Familien und einige minderjährige junge Männer. Die meisten sind aus Syrien, manche auch aus Afrika. Ich würde mich gern ehrenamtlich engagieren. Ich war früher Lehrerin und könnte vielleicht beim Lernen der deutschen Sprache helfen. Aber viele Bekannte warnen mich, ich solle mich da bloß nicht einmischen. Ich möchte es mir nicht mit meinen Freunden und Nachbarn verderben und bin in einem Gewissenskonflikt.

Claudia, 64

⇨ *Sabine Asgodom:* Sie sind Lehrerin, Sie sind intelligent, Sie wissen, dass der Mensch die Fähigkeit zum Differenzieren hat. Selbst wenn man glaubt, dass der Flüchtlingszuzug Probleme verursacht, kann man trotzdem einen respektvollen und menschlichen Umgang mit den einzelnen Menschen pflegen, die aus Angst vor Krieg und Elend bei uns Zuflucht gesucht und gefunden haben. Liebe Claudia, Sie allein entscheiden, ob Sie Ihrer Herzensstimme folgen. Vielleicht öffnen Sie mit Ihrem mutigen Einsatz für die Neuankömmlinge auch Ihren ängstlicheren Bekannten den Weg der Verständigung.

Den Preis einer Entscheidung abwägen

Darf ich eine Freundschaft kündigen?

In den Achtzigern lebte ich einige Jahre in einer Berliner Studenten-WG, zusammen mit zwei Freundinnen. Seit ich nach Stuttgart gezogen bin, treffen wir uns mindestens einmal im Jahr für drei Tage in Berlin. Jetzt steht der nächste Termin an, aber ich habe mit einer der beiden ein großes Problem. Sie ist extrem negativ, immer traurig und freudlos. Obwohl sie als Ärztin arbeitet und in einem schönen Haus wohnt, ist sie mit allen zerstritten, trinkt zu viel, raucht zu viel, will allerdings nicht, dass man ihr hilft. Mit ihrer miesen Stimmung zieht sie mich jedes Mal runter. Ich habe echt keine Lust mehr, sie zu sehen. Darf ich ihr einfach so die Freundschaft kündigen – und mich nur mit der anderen, lustigen Freundin treffen? Ich bin hin und her gerissen.

Beatrix, 48

⇨ *Sabine Asgodom:* Treue ist eine schöne Tugend. Aber sie hat auch Grenzen. Ich möchte Ihnen eine Erkenntnis aus meinem Leben mitgeben: Alles hat seinen Preis. Egal wie Sie sich entscheiden: Treu zu sein hat seinen Preis, einen Menschen zu enttäuschen auch. Spaß hat einen, genauso wie Ärger. Wägen Sie ab, welchen Preis Sie bereit sind zu zahlen: Treffen Sie sich nur mit der lustigen Freundin und nehmen die Kränkung der anderen in Kauf? Oder lassen Sie sich darauf ein, aus alter Verbundenheit doch wieder beide zu sehen, wissend, dass Sie sich erneut ärgern werden? Ich hätte da noch eine Idee: Wie wär's mit einem Kompromiss? Sie treffen die schwierige Freundin für zwei, drei Stunden und verbringen die anderen Tage nur mit der unkomplizierten? Wie immer Ihre Entscheidung ausfällt: Es ist Ihr Leben!

Umgang mit Social Media

Wie reagieren bei einem Shitstorm?

Ich habe mich mit 67 getraut, Facebook zu benutzen. Auslöser war meine Tochter, die in den USA lebt. Ich habe inzwischen etwa 300 Kontakte – einige Freunde und viele Leute, die bei mir angefragt haben. Ab und zu schreibe ich einen Spruch, der mir gefällt, oder zeige lustige Fotos. Neulich habe ich einen Film eines kleinen Mädchens geteilt, die ein Lied von der verstorbenen Amy Winehouse gesungen hat. Ich fand die Kleine entzückend. Aber ich bin völlig schockiert, wie viele rüde Kommentare ich in kürzester Zeit hatte, sogar von Leuten, die ich gar nicht kenne. Sie haben sich darüber aufgeregt, dass man Kinder solche Texte singen lasse und sie damit missbrauche. Das war doch das Letzte, was ich wollte.

Carola, 69

⇨ *Sabine Asgodom:* Gratulation, Sie haben einen »Shitstorm« ausgelöst. So nennt man Beschimpfungs-Kanonaden auf Facebook; die werden leider immer häufiger. Wenn Sie das zukünftig vermeiden wollen, vernetzen Sie sich nur mit echten Bekannten und Ihrer Familie und löschen Sie die fremden »Freunde«. Oder Sie halten die Entgleisungen aus – so ein »Shitstorm« geht meist bald vorbei. Achten Sie auf jeden Fall darauf, dass in Ihren »Einstellungen« auf Facebook angegeben ist, dass nur Freunde Ihre Posts lesen dürfen. Ihre Tochter kann Ihnen bestimmt dabei helfen. Ich finde Sie klasse!

Diskretion gegen Moral abwägen

Soll ich für meine Freundin schweigen?

Meine Freundin hat einen Freund. Also, sie ist verheiratet und hat jetzt daneben einen Lover. Ich war total schockiert, als sie mir das vor Kurzem im Vertrauen erzählt hat. Ich kenne sie und ihren Mann schon seit 25 Jahren, und unsere Männer sind auch befreundet. Ich weiß überhaupt nicht, wie ich ihrem Mann beim nächsten Mal begegnen soll. Und ich finde es noch viel schlimmer, dass ich das meinem Mann nicht erzählen darf. Ich habe ihr das versprochen, bereue es aber bereits. Ich habe keine Geheimnisse meinem Mann gegenüber. Ich kann sonst mit ihm über alles reden. Aber jetzt habe ich manchmal Angst, dass ich mich ihm gegenüber verplappere. Ich mag so etwas nicht. Was soll ich tun?

Anita, 47

⇨ *Sabine Asgodom:* Eieiei, da sind Sie wirklich in einen Schlamassel hineingeraten. Natürlich kann ich Ihnen nicht raten, was Sie tun sollen. Ich kann Ihnen aber gern ein paar Optionen vorstellen, die Ihnen bei Ihrer Entscheidung vielleicht weiterhelfen:

1. Sie halten sich an Ihr Versprechen. Und hoffen, dass Sie nicht im Schlaf reden.
2. Sie überdenken Ihre Moralvorstellungen und überlegen, warum Sie »schockiert« waren.
3. Sie halten sich an Ihr Versprechen. Aber Sie lassen die Freundschaft »einschlafen«, treffen also das andere Paar immer seltener.
4. Sie geben den Moralapostel und informieren den Mann Ihrer Freundin. Das hieße allerdings Schicksal spielen.
5. Sie bitten Ihre Freundin, Sie vom Versprechen zu entbinden, damit Sie mit Ihrem Mann darüber sprechen können. Das könnte zwar das Ende der Freundschaft sein. Es könnte Ihnen aber auch die Last von den Schultern nehmen.

Das Gegenüber großzügig stimmen

Was sorgt beim anderen für Geberlaune?

Ich habe demnächst ein Treffen mit meinem Hausbesitzer zum Kaffee. Ich möchte ihn überzeugen, dass er einige größere Reparaturen in meiner Wohnung machen lässt. Was kann ich tun, um ihn großzügig zu stimmen?

Helene, 43

⇨ **Sabine Asgodom:** Das hängt von Ihren Moralvorstellungen ab. Kleiner Scherz!!! Nein, im Ernst: Auf der Selbstcoaching-Seite finden Sie eine schöne Methode, um auf gute Ideen zu kommen. Viel Spaß dabei!

Selbstcoaching

LÖSUNG ÜBER BANDE

Brauchen Sie Ideen, Anregungen, Lösungen? Dann versuchen Sie es doch mit der »Lösung-über-Bande«-Methode. Bedeutet: Wie beim Billard kann man auch beim Denken über Bande spielen. Sie denken sich erst mal ganz schlimme Sachen aus. Beim Thema »Stimmung machen«, sammeln Sie zuerst, was eine echt miese Stimmung erzeugen würde:

- die Wohnung im Messie-Zustand präsentieren
- verbrannten Kuchen reichen
- ungewaschen in den ältesten Klamotten auftreten
- Kaffee über die Hose schütten
- wegen der hohen Miete schimpfen
- von Ihren Geldsorgen reden
- von den Problemen in der Arbeit erzählen
- den Besitzer wegen irgendetwas beschuldigen
- andeuten, dass Sie eh bald kündigen werden.

Dann drehen Sie alle Punkte ins Positive um:

- Wohnung schön aufräumen
- leckeren Kuchen backen
- gepflegt auftreten
- gute Manieren zeigen, etc.

Und schon wissen Sie, was Sie tun können. Viel Spaß!

Nicht das Alter als Ausrede vorschieben

Soll ich mit über 60 noch Möbel schleppen?

Freunde haben mich neulich gefragt, ob ich Ihnen beim Umzug helfen kann. Ich war empört. Ich bin schließlich über 60 und etwas zu alt für solche Aktionen. Natürlich hab ich abgelehnt. Jetzt sind meine Freunde beleidigt und melden sich nicht mehr. Finden Sie nicht auch, dass solche Fragen eine Zumutung sind?

Johanna, 64

⇨ *Sabine Asgodom:* Sie können beschließen, ab sofort für alles zu alt zu sein, wozu Sie keine Lust haben: tanzen gehen, Ski fahren, aufräumen, neue Menschen kennenlernen, sich engagieren, Verantwortung übernehmen … Sie könnten aber auch einfach sagen: »Dazu hab ich keine Lust!« und jung und frisch bleiben. Ich schicke Ihnen ein jugendliches Lächeln von Ü60 zu Ü60.

Einer Freundin mit Kaufsucht beistehen

Wie behandelt man eine Kaufsucht?

Meine Freundin leidet unter einer Kaufsucht. Alles, was ihr gefällt, muss sie haben. Mittlerweile sind die Konten hoch überzogen. Alle guten Vorsätze werden gebrochen. Abstinenz gelingt maximal für ein paar Wochen. Sie ist schon sehr verzweifelt. Wie kann ich ihr helfen? Sollte sie eine stationäre Suchttherapie machen?

Rosa, 48

⇨ *Sabine Asgodom:* Ob stationär oder nicht, Ihre Freundin sollte sich auf jeden Fall professionell helfen lassen. Fachleute nennen Kaufsucht eine »Verhaltenssucht mit Ventil-Funktion«, da sie Ausdruck für psychische Not ist. Sie ist inzwischen weit verbreitet, manche Fachleute schätzen, dass jeder 20. Deutsche davon betroffen ist. Ausführliche Informationen über Kaufsucht finden Sie unter www.suchthilfe-magazin.de. In Österreich gibt es einen »Suchthilfekompass« mit Adressen (https://suchthilfe kompass.goeg.at).

Respektvoll mit der Zeit anderer umgehen

Wie kann ich Absagen nett verpacken?

Bitte lachen Sie nicht über meine Frage: Ich bin selbstständig, erfolgreich und beruflich sehr eingespannt. Manchmal muss ich dringend etwas für einen Kunden erledigen und verpasse Termine bei der Kosmetikerin oder beim Friseur. Die verlangen meist nichts für den ausgefallenen Termin und geben mir auch (meistens freundlich) einen neuen. Aber ich fühle mich schlecht damit und würde am liebsten gar nicht mehr dort hingehen. Was mache ich da am besten? Gibt es eigentlich so eine Art Absage-Knigge?

Anne, 47

⇨ *Sabine Asgodom:* Ich habe mir fachliche Beratung geholt – von Swetlana, meiner Traum-Friseurin, und Milena, meiner Nagel-Queen. Und beide haben mir übereinstimmend versichert, es hängt davon ab, wie abgesagt wird. So kommt es positiv an, wenn Kundinnen sich mit Angabe eines Grundes dafür entschuldigen, dass sie den Termin kurzfristig absagen müssen oder ihn verpasst haben. Schnippisch geht gar nicht (dann gibt es womöglich plötzlich lange keinen freien Termin mehr). Und worüber sich beide durchaus freuen: Wenn die Kundin beim wiederholten Ersatztermin ein kleines Mitbringsel dabei hat – eine Flasche Sekt, ein Buch, einen Blumenstrauß – oder das Trinkgeld beim nächsten Mal etwas üppiger ausfällt. Sich selbst, liebe Anne, machen Sie bitte nicht zu viele Vorwürfe: Menschliche Fehler kann und wird jeder verzeihen. Doch ich habe das Gefühl, Sie könnten noch einen kleinen Impuls vertragen: Denken Sie doch einmal darüber nach, ob Sie es okay finden, dass Ihre eigenen Kunden derart auf Ihre Zeit zugreifen können. Daran könnten Sie selbst nämlich etwas ändern.

Das Konsumverhalten überdenken

Was tun mit einem Frustkauf?

Vor einigen Monaten musste ich mir nach einem Klassentreffen eine sündhaft teure Designerhandtasche kaufen. Die Gespräche mit meinen früheren Schulkameradinnen hatten mich total frustriert. Die eine klagte über die Nebenkosten ihres Hauses in Südfrankreich, die andere erzählte von ihren Reisen in alle Welt, die nächste prahlte mit ihrer neuen Villa. Ich kam mir vor wie das ärmste Straßenmädchen. Vor dem Rückflug habe ich mir auf dem Flughafen eben diese Tasche kaufen müssen – Augen zu und Kreditkarte gezückt. *Ällerbätsch*, ich kann mir auch so etwas leisten! Heute ist mir klar, dass es aus einem Mix von Minderwertigkeitsgefühl, Wut und Neid geschehen ist. Als ich nach zwei Wochen wieder ich selbst war, wusste ich, dass ich das doofe Ding nie tragen würde. Und leisten konnte ich es mir ehrlicherweise auch nicht. Was mache ich jetzt?

Caroline, 52

⇨ *Sabine Asgodom:* Oh, wie gut kann ich das verstehen! Ich habe reiche Verwandtschaft, die in mir manchmal ähnliche Gefühle hervorruft. Und ich kenne Dutzende Frauen, die mir schon von ihren Frustkäufen erzählt haben. Meines Erachtens geht es dabei meist um den Versuch des Sich-Tröstens und der Stärkung des Selbstwertgefühls. Ja, und dann hat man die Fehlkäufe zu Hause rumliegen: das Geschirr, das Designerkleid, die Tasche. Mein Tipp: Werden Sie das Teil wieder los. Es macht Ihnen sonst ständig ein schlechtes Gewissen. Im Internet gibt's jede Menge Shops für Markenprodukte, in denen Sie einen sehr guten Preis bekommen können. Geben Sie einfach »vintage second hand online shop« ein. Bei nicht so wertigen Fehlkäufen überlegen Sie, ob sich ein Flohmarktstand lohnen würde – oder wer sich darüber freuen würde, das Teil geschenkt zu bekommen.

Durch Tricks die Zöger-Falle aushebeln

Kann man wankelmütige Leute auf Kurs bringen?

Meine Freundin tut sich total schwer damit, Entscheidungen zu treffen. Wochenlang wägt sie das Für und Wider ab. Manchmal so lange, bis sich die Frage gar nicht mehr stellt, zum Beispiel, ob sie in ein Konzert gehen soll oder nicht. Es sind nun keine lebensentscheidenden Dinge, aber es macht mich manchmal ganz verrückt, wenn sie wieder mal einen Termin verpasst hat. Gibt es irgendeine Methode, mit der ich ihr helfen kann, schneller zu einer Meinung zu kommen?

Annemarie, 54

⇨ *Sabine Asgodom:* Lebensentscheidend ist das Zögern vielleicht nicht, aber die Lebensqualität ihrer Freundin leidet möglicherweise schon. Hier drei Ideen, wie Sie ihr helfen können:

1. Sie schreiben eine Plus-Minus-Liste. Auf der linken Seite steht, was für die Entscheidung, auf der rechten, was gegen sie spricht. Notieren Sie alles, was Ihrer Freundin dazu einfällt. Dann vergleichen Sie beide Seiten und lassen Ihre Freundin entscheiden, welche mehr Gewicht hat.
2. Sie würfeln: Gerade Zahl heißt »Ich tu's«, ungerade »Ich tu's nicht«. Animieren Sie Ihre Freundin dazu, zwei-, dreimal auszuprobieren, wie es ihr mit dieser Zufallsentscheidung geht.
3. Sie geben Ihrer Freundin zusätzliche Impulse – anhand von Gegenständen, die eigentlich nichts mit dem Thema zu tun haben. Wie das geht, lesen Sie in der Selbstcoaching-Übung rechts. Viel Spaß!

Selbstcoaching

LÖSUNGEN AUS DER FAUST

Dies ist eine Methode des amerikanischen Psychologen und Coachs Prof. Robert Biswas-Diener, mit der Sie anderen helfen können, leichter Entscheidungen zu treffen.

Nehmen Sie irgendeinen kleinen Gegenstand zur Hand, der sich gut in der Faust verstecken lässt. Egal ob Stecker, Adapter, Murmel, Schwämmchen, Erbse, Würfel, Münze, Playmobil-Tierchen, Ball, Blatt, Kaffeebohne, Herzanhänger, Blüte, Zuckerstückchen, Schlüssel … Es ist alles geeignet, was klein genug ist, um in eine geschlossene Faust zu passen. Worum es sich handelt, spielt keine Rolle. Die Interpretation Ihres Gegenübers ist es, worauf es ankommt.

1. Schritt: Sie sagen: »Ich habe die Lösung für deine Frage in meiner Faust. Magst du sie haben?«

2. Schritt: Sie legen Ihrer Freundin den Gegenstand in die Hand, ohne dass sie hinschaut.

3. Schritt: Die andere schließt ihre Faust, fühlt ein bisschen und rät, um was es sich wohl handelt.

4. Schritt: Dann öffnet Ihre Freundin die Faust, sieht sich das Ding an und überlegt, was es mit ihrer Frage zu tun haben und welche Lösung sich darin verbergen könnte.

5. Schritt: Sie schreiben Stichworte dazu auf. Zum Beispiel: »Es ist ein Herzanhänger. Ich sollte mir vielleicht ein Herz fassen …« Oder: »Es ist mir nicht wichtig genug … Was mir wirklich am Herzen liegt, ist …«

Einfach mal die Klappe halten

Darf ich meiner Freundin Tipps geben?

Ich will mich ja nicht selbst loben, aber ich sehe meist sofort, was in einem Raum nicht stimmt – ob in einem Lokal oder bei Freunden in der Wohnung. Ich kann das schlüssig begründen und hab oft gute Ideen, wie's harmonischer wirken könnte. Neulich hat mich eine Freundin, bei der ich zum Essen war, deshalb ziemlich angefaucht. Dabei habe ich sie nur darauf hingewiesen, dass die Tischdecke nicht zum Service passt – und ihr eine Alternative gezeigt. Aber statt dankbar zu sein, war sie den ganzen Abend beleidigt. Ich meine es doch nur gut. Andere Leute verdienen damit viel Geld.

Olivia, 36

⇨ *Sabine Asgodom:* Es kann sein, dass Sie da ein wirkliches Talent haben. Eine Stärke wird es allerdings nur, wenn Sie dieses Talent im richtigen Maße einsetzen. Was glauben Sie, wie glücklich ich wäre, wenn mir Bekannte sagen würden: »Sabine, du solltest unbedingt mal abnehmen«? Sie hätten sogar recht, aber es wäre trotzdem ein Übergriff. Also: Wenn Sie um Ihre Einschätzung gebeten werden, prima – dann dürfen Sie loslegen. Wenn nicht, lieber einfach mal die Klappe halten. Oder Sie machen tatsächlich einen Beruf daraus.

4

»Sie entscheiden, wo die Grenzen sind«

Ehrlicher Rat zu Liebe und Partnerschaft

In jeder Beziehung gibt es die Spannung zwischen Autonomie und Nähe. Sei es im Verhältnis zu den Eltern, den erwachsenen Kindern oder dem Partner/der Partnerin. Und nur Sie können den Wahlhebel in die richtige Position schieben: Wo wollen Sie sich abgrenzen? Von wem wollen Sie mehr? Was sind Sie nicht mehr bereit hinzunehmen? Es geht um Beziehungen auf Augenhöhe. Da ist manchmal auch Ihre Einstellung zu hinterfragen: Würden Sie gern so behandelt werden, wie Sie den anderen behandeln? Es gehören immer zwei zum Walzertanzen. In diesem Kapitel bekommen Sie viele Erkenntnisse und Impulse, Ihren Traummann zu finden, sich von einengenden Beziehungen zu befreien oder in einer eingeschlafenen Liebe neues Feuer zu entfachen. Wie wäre es, sich wieder in den Partner zu verlieben, neben dem Sie sowieso jeden Morgen aufwachen? Ich wünsche Ihnen alles Liebe!

Endlich wieder Leidenschaft erleben

Soll ich eine Affäre anfangen?

Meine Frage ist sicher sehr ungewöhnlich, und ich weiß nicht, ob Sie mir da weiterhelfen können. Aber ich versuch's einfach mal. Mein Mann schläft seit Jahren nicht mehr mit mir, ansonsten führen wir eine harmonische Ehe. Mir reicht das nun nicht mehr, ich möchte wieder Leidenschaft erleben. Ich überlege mir, eine Affäre anzufangen. Aber ich habe keine Ahnung, wie man das macht. Sind Sie jetzt entsetzt? Wenn nicht, freue ich mich auf eine Antwort.

Xenia, 51

⇨ *Sabine Asgodom:* Na, das ist mal eine Frage! Ich kann gut verstehen, liebe »Xenia«, dass Sie auf keinen Fall erkannt werden wollen. Doch darin steckt auch schon die Crux. Für mich ist die – übrigens keineswegs moralisch gemeinte – Hauptfrage: Was würde geschehen, wenn Ihr Mann etwas von der Affäre erfahren würde? Ich schätze, Sie wollen es ihm nicht sagen. Welche Folgen hätte das? Bitte machen Sie sich das erst klar und überlegen Sie dann, ob der Preis, den Sie vielleicht zahlen müssten, den Reiz einer Affäre aufwiegt. Würde es etwas bringen, vorher offen mit Ihrem Mann darüber zu reden? Was würden Sie damit riskieren? Und noch eine Frage: Können Sie mehr Leidenschaft, mehr Kribbeln in Ihrem Leben nur durch eine Affäre bekommen? Oder gäbe es andere Möglichkeiten, wieder mehr Freude und Lust in Ihr Leben zu bringen? Wenn Ihre Antwort nach allen Überlegungen ein klares »Ja« zur Affäre ist, dann ran an den Mann. Übrigens: Ich habe keine Ahnung, wie man eine Affäre anfängt. Da müssen Sie leider jemand anderen fragen.

Eine Liebe ohne Zukunft loslassen

Wie komme ich los von meinem Exfreund?

Mein Expartner und ich haben uns in anderthalb Jahren bereits vier Mal getrennt. Wir haben es immer wieder versucht miteinander, und ich habe jedes Mal gehofft, dass wir es schaffen werden. Wir hatten viele gemeinsame Interessen, auch im sexuellen Bereich hat es sehr gut geklappt. Ich habe sehr viel für diesen Mann getan und immer wieder nachgegeben aus lauter Liebe …

Mein Partner hat mir von Anfang an gesagt, dass er viele Freiheiten braucht und auch hin und wieder seine Exfreundin treffen will. Er ging mit vielen Kolleginnen aus oder wollte allein zum Tanzen. Ich habe grundsätzlich eingewilligt, da ich auch Hobbys und Freundinnen habe und diese nicht aufgeben will. Aber letztlich hatte ich den Eindruck, dass ihm alles (und vor allem seine Ex!) wichtiger war als ich. Irgendwann habe ich ihn vor die Wahl gestellt, entweder die Exfreundin oder ich, und er hat mich ein erneutes Mal verlassen und sich für sie entschieden.

Wie finde ich wieder ins Leben zurück? Ich liebe diesen Mann immer noch von ganzem Herzen, und er schrieb mir erst letzthin wieder, ich sei seine Traumfrau und er habe mich über alles geliebt. Er sei auch traurig, die Trennung fiele ihm sehr schwer und er habe den größeren Anteil am Scheitern als ich. Wieso tut er dies, ich habe nun noch größere Mühe loszulassen. Wie soll ich so nur vorwärtskommen? Ich danke Ihnen ganz herzlich für eine Antwort und Ihre Bemühungen und freue mich sehr, von Ihnen zu lesen!

Manuela, 54

⇨ *Sabine Asgodom:* Ich kann alles nachvollziehen, was Sie schreiben. Ja, Liebe macht blind und taub. Ihr Ex hatte Ihnen ohne Umschweife angekündigt, wie er leben wollte. Und Sie hatten sich einverstanden erklärt. Dann hat er gelebt, wie er leben wollte, und Sie waren enttäuscht. Sie sind eine erwachsene Frau: Wie lange wollen Sie sich noch zum Narren halten lassen? Entweder, Sie sind zufrieden mit dem Stück Mann, das er Ihnen großzügig überlässt, oder Sie suchen sich einen anderen Mann, der keinen Harem braucht, um glücklich zu sein. Ich empfehle Ihnen von Herzen den Selbstcoaching-Tipp. Ich hoffe, dass er Ihnen hilft, eine Entscheidung zu treffen.

Selbstcoaching

DER PERSPEKTIVENWECHSEL

Für andere sind wir meist schlauer als für uns selbst. Deshalb ist ein beliebtes Tool im Coaching der Perspektivenwechsel. Am einfachsten geht es so:

- Sie stellen sich vor, Ihre beste Freundin, liebste Schwester oder geschätzte Kollegin würde Ihnen das erzählen, worüber Sie selbst klagen.
- Was würden Sie ihr dann antworten?
- Was würden Sie ihr raten, wenn Sie es gut mit ihr meinen würden?
- Plötzlich ist alles sonnenklar.

Nach meiner Erfahrung wissen 99 Prozent aller Klientinnen genau, was zu tun wäre, und würden es anderen auch so sagen. Jetzt müssen sie nur noch auf sich selbst hören – und sich trauen, es umzusetzen.

Den Traummann finden

Ich treffe immer auf die falschen Männer

Ich bin seit fünf Jahren geschieden, habe drei fast erwachsene Kinder und suche wieder einen Partner. Aber ich treffe nur auf Männer, die eine »Kümmerin« wollen. Ich bin aber berufstätig, sehr unternehmenslustig und brauche einen Mann, der alles mitmacht, mir aber auch die nötige Freiheit lässt. Er sollte sportlich und lustig sein. Gegen gut aussehend hätte ich auch nichts. Ach, am liebsten einen, der mich auf Händen trägt. Wie finde ich ihn???

Christine, 44

⇨ *Sabine Asgodom:* Wow, das sind ja ziemlich hohe Ansprüche! Ich habe aber eine gute Nachricht für Sie: Dieser Mann ist schon geboren. Er läuft auf dieser Welt herum und weiß vielleicht noch gar nicht, dass er sich genau nach Ihnen sehnt. Überlegen Sie sich: Wie soll er mich finden? Dies ist ein sehr viel klügerer Ansatz, als verkrampft selbst nach dem Mann fürs Leben zu suchen. Mein Tipp: Werden Sie sichtbar – auf Festen, im Internet oder beim Einkaufen, im Café oder auf einer Parkbank in der Sonne. Gehen Sie strahlend durch die Welt und zeigen Sie sich von Ihren besten Seiten. Wie sind Sie? Freundlich, intelligent, sportlich, aufgeschlossen, lustig, warmherzig …? Wenn Sie ihm die Möglichkeit geben, kann Mr Right Sie finden. Übrigens: Mein Mann hat mich auch so gefunden.

Die eigenen Bedürfnisse voranstellen

Was tun, wenn der Partner einem die Energie raubt?

In meinem Leben gibt es viele Energiespender: meine Schüler und mein Kollegium, die Ehrenämter im Kirchenvorstand und die Kinderkirche, meine drei Töchter, meine Schwester, mit der ich mich wieder versöhnen konnte, meine Freundinnen, mein Cabrio, in dem ich durch die Welt fahre ... Mein Energieräuber ist leider immer öfter mein Partner. Sein Haus, in dem er mit seinem Sohn lebt und zu dem ich regelmäßig 50 Kilometer fahre und in das ich nach dem Abi meiner jüngsten Tochter in diesem Jahr ziehen wollte, wird für mich immer dunkler. Arbeitssucht und Geldverdienen lassen ihn das Lachen und Verständnis für liebevolle Unvollkommenheiten vergessen. Die düstere Vergangenheit seiner Familie und die Gruftatmosphäre färben stark auf mich ab, und meine Energien sind immer schneller aufgebraucht. Mittlerweile versetzen mich schlaflose Nächte dort in Panik. Was kann mir helfen, mit der veränderten Situation umzugehen? Ich habe zum Glück keine finanziellen Sorgen und werde von vielen Engeln durchs Leben getragen.

Ines, 56

⇨ *Sabine Asgodom:* Ihr Schreiben erinnert mich an den Spruch »Wen Gott besonders lieb hat, den prüft er besonders hart«. Ihr Leben könnte wunderbar sein – aber irgendeine Kraft scheint das nicht zulassen zu wollen. Sie und Ihr Partner haben Zusammengehörigkeit und Freiheit genossen. Ein gutes Leben, weil sich die Frage »Wollen wir das für immer?« in ihrer ganzen Tragweite nicht gestellt hat. Da war die räumliche Entfernung, da waren die Pflichten Ihren Kindern gegenüber – Sie beide haben gewusst, was geht und was nicht. Sie schildern sehr persönliche Dinge, vor denen ich Respekt habe. Dennoch fällt mir auf, dass

Sie regelmäßig 50 Kilometer zu ihm gefahren sind. Warum ist er nicht zu Ihnen gekommen? Haben Sie sich eher an sein Leben angepasst und Ihres übersehen? Eine Partnerschaft ruht immer auf drei Pfeilern: Es gibt dich, es gibt mich, und es gibt uns. Haben Sie sich in den Hintergrund gestellt? Wenn Ihre Jüngste das Haus verlässt, kommt es zu einer großen Veränderung bei Ihnen. Wäre es vielleicht klug, dass Sie zuerst mal diese neue Freiheit genießen, statt Ihre Gebundenheit an Ihren Partner noch zu verstärken? Ich wünsche Ihnen, dass Sie jetzt vor allem an sich und Ihre Bedürfnisse denken. Vielleicht hilft die folgende Selbst-coaching-Übung.

Selbstcoaching

DER FENSTER-BLICK

Diese Methode kann helfen, aus einer tiefen emotionalen Betroffenheit zu einem klaren Blick zu finden. Wie oft denken wir:

»Warum ist das so?« – »Warum passiert (immer) mir das?« – »Warum verhält sich der andere so?« Wir sind verwirrt, gekränkt und hadern mit unserem Schicksal.

Mit dem Fenster-Blick legt man ein Stück Distanz zwischen Situation und Emotion. Kommt also von der Frage »Warum ist mir das passiert?« zu der Frage »Was ist eigentlich passiert?«.

Stellen Sie sich vor, Sie schauen durch ein Fenster auf Ihre Lage. Wie ein unbeteiligter Beobachter nehmen Sie nur wahr und werten möglichst nicht:

- Aha, da ist ein Mensch, der möchte dies und das und tut dieses oder jenes.
- Und da ist eine zweite Person, die agiert so und so.
- In dieser Weise gehen die beiden miteinander um.
- Da verstehen sie sich.
- Durch irgendetwas ist es zu Missverständnissen gekommen.

Der klare Blick kann Ursachen von Verwirrtheit und Gekränktheit erklären. Er kann die Beweggründe der anderen erkunden. Und vielleicht zeigt er auch eine offene Tür, die Sie bislang noch gar nicht entdeckt haben.

Mit seiner Mutter zurechtkommen

Seine Mutter will mit ihm wohnen. Was tun?

Mein Freund, 41, wohnt seit zehn Jahren mit seiner Mutter, 58, zusammen. Damals traf er als Single die Entscheidung, weil sein Vater gestorben und sie hilflos war. Nun sind wir seit drei Jahren ein Paar und ich möchte gern mit ihm leben – aber nicht mit ihr! Das Haus, das er vor einigen Jahren gekauft hat, ist für sie allein zu groß, müsste also wieder verkauft werden. Auch er will mit mir zusammenziehen, aber als er seiner Mutter davon erzählte, reagierte sie erst bockig, dann mit der Tränen-Nummer: »Wo soll ich denn allein hin?« Mein Freund will, dass keine von uns traurig ist. Was können wir machen?

Ines, 43

⇨ *Sabine Asgodom:* Das ist eine spannende Konstellation. Da würde ein Familientherapeut zur Hochform auflaufen. Aber ich bin ja Coach. Mir ist klar, dass jede Idee, die ich entwickle, gegenüber einem der drei Beteiligten herzlos erscheinen mag. Ich traue mich trotzdem:

* Die Mutter war ja selbst noch sehr jung, als sie das Kind bekam, und hatte offenbar nie die Chance, ein eigenes Leben zu entwickeln. Dann wird's nun mit 58 Zeit. Wenn Sie und Ihr Freund ihr klarmachen, dass sie jetzt die Basis für mindestens 30 weitere schöne Jahre schaffen kann, ist das eine Chance für sie – aktiv zu werden, in Vereine zu gehen, sich Freundinnen zu suchen, etwas Sinnvolles zu tun.
* Jahrelang haben Mutter und Sohn in einer Art Partnerschaft zusammengewohnt. Vielleicht können Sie ihr pro Woche einen

»Muttertag« gönnen, an dem Ihr Freund sich nur der Mama widmet.

- Vielleicht geht's nur noch darum, festzulegen, wie viele Meter Abstand Sie zwischen beiden Wohnungen haben – 10, 100, 1000?

In der Liebe Raum für sich bewahren

Zusammenziehen oder besser nicht?

Nach sieben Jahren Fernbeziehung hat mein Freund nun beschlossen, in meine Stadt zu ziehen. Unsere gemeinsamen Wochenenden waren immer wunderbar. Wir haben uns abwechselnd einmal im Monat bei ihm in Berlin und bei mir in Frankfurt getroffen. Wir sind auch öfter zusammen in Urlaub gefahren, das war jedes Mal sehr schön für uns beide. Jetzt verbrachte er testweise eine ganze Woche bei mir – und es war der Horror. Wir haben uns nur noch gezofft. Schon am dritten Tag ist er mir auf die Nerven gegangen. Alles wusste er besser, er fing sogar an, meine Küche umzuräumen. Als ich ihm sagte, er solle das sein lassen, reagierte er beleidigt und hat einen Tag lang überhaupt nicht mehr mit mir gesprochen. Ich glaube, meine Wohnung ist einfach zu klein für zwei. Oder zumindest empfinde ich das so. Ich habe schließlich 14 Jahre lang allein gelebt und habe nun wirklich Angst vorm Zusammenziehen. Ich will meinen Freund aber auch nicht verletzen. Was soll ich bloß tun?

Anke, 62

⇨ *Sabine Asgodom:* Meiner Erfahrung nach braucht Liebe bei solchen Themen Wahrhaftigkeit. Wenn ich nur daran denke, ich müsste mit meinem geliebten Mann in einer bedrückenden

Situation leben, zieht sich mein Herz zusammen. »Klarheit schafft Harmonie« – ich glaube ganz fest an diesen Satz. Reden Sie offen mit Ihrem Freund, bevor er Entscheidungen trifft, die nicht mehr rückgängig zu machen sind, zum Beispiel seine Wohnung kündigt. Sie sind eine Persönlichkeit, die vielleicht mehr Freiraum braucht als er. Er wird das hoffentlich verstehen. Oder es sind Regeln nötig, die Sie beide vor dem Zusammenziehen miteinander vereinbaren. Überlegen Sie auch, ob es die beste Lösung ist, in Ihrer Wohnung zusammenzuziehen, denn es wird immer irgendwie Ihr Zuhause bleiben. Es gibt folgende Alternativen: zwei kleine Apartments nah beieinander oder eine größere Wohnung, in der jeder sein Reich hat. Vielleicht sorgt allein der Gedanke, dass der andere jederzeit nach Hause (oder in sein Zimmer) gehen könnte, dafür, entspannter miteinander umzugehen und sich aneinander zu gewöhnen. Bei allen Unstimmigkeiten: Denken Sie daran, dass Millionen Menschen diese Herausforderung schon bestanden haben!

Selbstcoaching

DIE ZWEI-STÜHLE-METHODE

Wenn Sie schnell eine Lösung für ein Problem finden wollen, hilft es, mit sich selbst ins Gespräch zu kommen – vor allem, wenn gerade niemand anderes zur Verfügung steht. Schreiben Sie sich die Frage auf, auf die Sie eine Antwort brauchen. Und verschaffen Sie sich ein bisschen Abstand, um auf kreative Ideen zu kommen. Sehr hilfreich ist dabei die Zwei-Stühle-Methode.

Sie setzen sich zuerst auf den einen Stuhl, den Frage-Stuhl, und stellen laut Ihre Frage, zum Beispiel: »Soll ich wirklich mit meinem Freund zusammenziehen?« Dann begeben Sie sich auf den anderen Stuhl, richtig – den Antwortstuhl.

Erwidern Sie, was Ihnen gerade in den Sinn kommt, etwa: »Ich habe so lange darauf gehofft.« Im Dialog wechseln Sie jetzt von einem Stuhl zum anderen: »Aber er ist so unordentlich« – »Würdest du deshalb lieber weiter allein wohnen wollen?« (Das Hin- und Hergehüpfe fühlt sich anfangs etwas albern an, ist aber sehr hilfreich.) Das Gleiche können Sie auch mit zwei Bögen Papier auf dem Boden machen, indem Sie Ihre Position wechseln und sich jeweils auf eines der beiden Blätter stellen. Also, reden Sie ruhig mit sich selbst, das zeugt nicht von Verwirrtheit, sondern führt zu mehr Klarheit.

Dem Partner wieder nahekommen

Hilfe, ich verliere langsam den Respekt vor meinem Mann!

Bisher habe ich meinen Mann immer toll gefunden, ich kenne ihn, seit ich 17 war, wir sind jetzt schon 26 Jahre verheiratet. Aber mein Respekt schwindet, und das finde ich ganz furchtbar. Er ist seit einem Jahr arbeitslos. Und ich finde, er tut nicht genug, um wieder einen Job zu finden, zum Beispiel schreibt er viel zu wenige Bewerbungen. Er sagt ständig, dass er mit 50 sowieso keine Chance mehr hat. Das macht mich verrückt! Ich bin selbst sehr erfolgreich als Personalleiterin, aber ich traue mich schon gar nicht mehr, von meinen Erfolgen zu erzählen. Ich merke, dass unsere Gespräche immer oberflächlicher werden, weil wir beide das Reizthema Arbeit vermeiden. So kann es nicht weitergehen!

Constanze, 51

⇨ *Sabine Asgodom:* Ich verstehe Sie gut. Man will dem anderen nicht wehtun und vermeidet »anstößige« Themen. Leider erstirbt damit das Gespräch und irgendwann auch das Interesse aneinander. Ich habe gelernt, dass die Gedanken, die wir im Kopf haben, herausmüssen. Denn sonst vergiften sie die Beziehung. Vielleicht wirken wir besserwisserisch oder nörglerisch, vielleicht sind wir ungerecht oder finden nicht die richtigen Worte. Es ist besser, sich hinterher für die Wortwahl zu entschuldigen, als sich innerlich zu verabschieden. Sagen Sie Ihrem Mann, wie Sie sich fühlen, was Sie sich wünschen, und hören Sie genau zu, wie er die Situation sieht. Liebe ist nicht nur »einatmen«, wie der Philosoph Wilhelm Schmid mal treffend formuliert hat, sondern auch »ausatmen«. Ich sage zu Männern oft: Wenn Ihre Frau mit Ihnen streitet, haben Sie noch eine Chance, wenn sie schweigt und Sie verachtet, haben Sie keine mehr.

Eine Beziehung auf Augenhöhe führen

Wie stoppe ich seine »Fördermaßnahmen«?

Ich bin seit zehn Jahren selbstständig mit einem Büroservice und kann sehr gut davon leben. Jetzt habe ich seit einem Jahr einen Freund, der meint, mich intellektuell fördern, belehren und auf den richtigen Weg führen zu müssen. Er schleppt mich zu Vorträgen über Quantenphysik, schenkt mir unlesbare Bücher und will, dass ich mich weiterbilde. Er meint, ich könnte noch viel mehr in meinem Leben erreichen. Aber er erreicht mein Herz damit nicht. Ich bin sehr glücklich mit meinem Leben und habe nie etwas vermisst. Wie kann ich ihn davon überzeugen?

Claudia, 43

⇨ *Sabine Asgodom:* Einen ehrgeizigen Mann haben Sie sich da angelacht. Und ich bin sicher, Sie langweilen sich selten mit ihm. Das heißt aber nicht, dass Sie sein »Erziehungsprogramm« mitmachen müssen. Bestätigen Sie ihm doch einfach, dass er wirklich klug ist und dass Sie ihn dafür bewundern. Dass Sie aber nicht seine »Fair Lady« sein wollen – Sie kennen vielleicht die Figur Eliza Doolittle aus dem Musical, die von Professor Higgins zur Lady gemacht wird. Ich habe noch eine Idee: Wie würde er reagieren, wenn Sie ihm sagten: »Ich bekenne mich freimütig zu meiner mentalen Faulheit und meiner Unfähigkeit, Vorträgen über Quantenphysik zu folgen, aber ich bin bisher ganz gut damit durchgekommen. Bitte lass mich so, wie ich bin. Und außerdem liebe ich dich!«

Beruf und Liebe richtig verbinden

Soll ich mit in seine Firma einsteigen?

Ich habe mit über 40 noch einmal die große Liebe gefunden. Wir kennen uns jetzt zwei Jahre, haben vor einem Jahr ein Haus gekauft und leben zusammen. Und letzte Woche hat er mir einen Antrag gemacht, das heißt, wir werden noch in diesem Jahr heiraten. Insofern bin ich absolut glücklich. Da gibt es nur eine andere Sache: Er wünscht sich, dass ich in seine Handwerksfirma einsteige, eine Messebau GmbH, und dort die kaufmännische Leitung übernehme. Das heißt, ich müsste meinen Job kündigen, ich arbeite in einem Möbelhaus als Abteilungsleiterin. Ich weiß nicht, ob ich das tun soll. Ich empfinde es so, dass ich damit auch meine Eigenständigkeit und finanzielle Unabhängigkeit aufgebe. Ich bin hin- und hergerissen. Möchte ihn aber auch nicht enttäuschen. Wie kann ich zu einer Entscheidung kommen?

Vera, 44

⇨ *Sabine Asgodom:* Ich an Ihrer Stelle würde die Zweifel offen ansprechen, Ihr Zukünftiger merkt Ihr Zögern sowieso. Wenn Sie auch für sich selbst mehr Klarheit brauchen, empfehle ich die »Visionsreise« (siehe Selbstcoaching). Sie ist eine wunderbare Möglichkeit, Ihre eigenen inneren Bilder zu erkennen und zu benennen. Und eine wunderbare Grundlage, um über Zukunftsvorstellungen miteinander zu sprechen. Vielleicht macht Ihr Freund Ihnen ja anschließend einen zweiten Antrag – nämlich nicht nur Mitarbeiterin, sondern auch Mitinhaberin seiner Firma zu werden.

Selbstcoaching

DIE VISIONSREISE

Um Klarheit über Ihre Wünsche zu bekommen, können Sie einen Blick in Ihre Zukunft werfen. Sie sehen sich selbst, drei Jahre sind vergangen. Sie haben sehr viel erreicht in Ihrem Leben:

- Wo sehen Sie sich?
- Mit wem wohnen Sie zusammen?
- Mit wem arbeiten Sie zusammen?
- Wie fühlen Sie sich dabei?
- Wie reden Sie mit den anderen Menschen, die bei Ihnen sind?
- Wie reden diese Menschen mit Ihnen?
- Sie fällen Entscheidungen, sehr bestimmt. Was ist das für ein Gefühl?
- Sie schauen aus dem Fenster: Wohin blicken Sie?
- Sie verlassen Ihren Arbeitsraum. Was steht auf dem Türschild?
- Sie werden von jemandem abgeholt. Wer ist es?
- Sie bestimmen, wohin Sie gehen. Wohin gehen Sie?
- Sie haben etwas zu feiern. Was feiern Sie?

Sie können die Fragen langsam mit längeren Pausen auf dem Handy aufnehmen und abspielen, während Sie sich konzentrieren. Oder Sie bitten eine Person Ihres Vertrauens, Ihnen die Fragen langsam vorzulesen. Schreiben Sie auf, was Sie gesehen und gefühlt haben. Welche Assoziationen haben Sie zu den Bildern? Wozu regen sie Sie an? Was können Sie tun, um sie Wirklichkeit werden zu lassen?

Mehr Toleranz für den Partner entwickeln

Was tun, wenn mein Mann mir peinlich ist?

Ich bin bestimmt keine Knigge-Fanatikerin. Aber eins stört mich ungeheuer: Mir ist es so peinlich, wenn sich mein Mann in einem feinen Restaurant, sobald serviert wird, die Serviette in den Hemdkragen klemmt. Er sagt, er will doch nur den Anzug und die Krawatte nicht bespritzen. Aber ich finde, das geht überhaupt nicht. Oder was meinen Sie?

Henrike, 48

⇨ *Sabine Asgodom:* Das ist Ihnen peinlich? Soll ich Ihnen mal erzählen, was mein Mann macht, wenn wir in einem feinen Restaurant sitzen? Er nimmt die gestärkte Damast-Serviette vom Tisch, setzt sie sich als Krone auf – und freut sich. Die ersten Male dachte ich, ich muss sterben vor Scham, habe ihm die Serviette vom Kopf gerissen und mich hektisch umgeschaut, ob das jemand gesehen hat. Irgendwann habe ich beschlossen, nicht mehr seine Gouvernante zu sein. Und damit: mich nicht für sein Verhalten verantwortlich zu fühlen. Heute tue ich so, als wäre es das Normalste von der Welt, blinzle ihm verschwörerisch zu und lese die Speisekarte. Ich habe übrigens einmal den Original-Knigge gelesen – in dem Buch steht wenig drin von »Das darf man, das darf man nicht«, sondern sehr viel von Toleranz und Mitmenschlichkeit, von der Gabe, den anderen so zu akzeptieren, wie er ist. Hat mir gutgetan.

Eine Affäre mit dem Chef wagen?

Soll ich oder soll ich nicht ...?

Ich bin für mein Alter immer noch sehr attraktiv und fit.

Mein Mann ist 54. Seit zehn Jahren haben wir keinen Sex mehr und seit neun Jahren getrennte Schlafzimmer. Er hat mit dem Thema leider abgeschlossen. Und doch sind wir irgendwie ein super eingespieltes Team. Unvorstellbar, dass wir uns trennen würden.

Nun hatte ich die tolle Gelegenheit, in meiner Karriere noch mal durchzustarten und auf der Leiter eine Stufe nach oben zu steigen. Das hat mich so beflügelt. Ich fühle mich sowohl innen als auch äußerlich wieder attraktiver und flirte sogar seit einiger Zeit mit meinem neuen Vorgesetzten. Er ist Single und ich spüre, dass beide Seiten mehr wollen. Ich fühle mich so angezogen von diesem Mann. Was soll ich tun?

Carina, 53

⇨ *Sabine Asgodom:* Ich kann Ihre Sehnsucht spüren. Aber mit dem Vorgesetzten? Mhm. Die Amerikaner sagen: »Never fuck in the factory.« Überlegen Sie, was auf Sie zukommen wird: Heimlichtuerei zu Hause – und in der Firma (es spricht sich immer irgendwie rum). Was, wenn die Leidenschaft vergeht? Was, wenn der Single-Chef mehr will? Was, wenn Ihr Mann davon erfährt? Welchen Einfluss hat eine Affäre auf Ihre berufliche Karriere, auf Zusammenarbeit mit Kollegen und Kunden? Und noch eine Frage: Was würden Sie Ihrer besten Freundin raten, wenn sie in der Situation wäre? »Überleg dir das vorher«, sagt die Vernunft. »Lebe wild und unersättlich«, sagt die Lust. Sie entscheiden!

Dauerzwist in der Ehe endlich beilegen

Können Männer aufräumen lernen?

Ich bin seit 18 Jahren verheiratet. Und unsere Ehe ist insgesamt sehr gut. Aber eine Sache macht mich wahnsinnig: Mein Mann und ich können uns manchmal über die einfachsten Dinge nicht einigen, zum Beispiel dass er die Kleidungsstücke vom Vortag gleich in den Wäschekorb tut. Das ist doch nur ein Handgriff! Warum muss ich immer etwas sagen? (Ich weigere mich, die Sachen für ihn aufzuräumen.) Meine Güte, der Mann ist 52, intelligent, mit allgemein guter Kinderstube – er sollte sich das doch wohl angewöhnen können!

Mechthild, 50

➪ *Sabine Asgodom:* Ich höre Millionen anderer Frauen mitfühlend aufstöhnen: Genau! Das kann doch nicht so schwer sein! Ich muss Sie enttäuschen. Es ist offensichtlich schwer. Ich habe vor Kurzem den wohl bekanntesten Paarforscher weltweit kennengelernt, Professor John Gottman aus Seattle. Er ist berühmt geworden mit seiner Forschung darüber, was Ehen zusammenhält. Und er hat herausgefunden, dass 69 Prozent aller Probleme in der Ehe nicht zu lösen sind. Er sagt, sie erfordern deshalb Toleranz und Kompromissfähigkeit.

Seine Frau und engste Mitarbeiterin, die Psychologin und Paartherapeutin Dr. Julie Schwartz-Gottman, hat übrigens erzählt, dass ihr Mann fürchterlich unordentlich ist, dass sie alle vier Wochen so lange herummotzt, bis er aufräumt. Dann geht es eine Weile, bis sie erneut schimpft und er wieder aufräumt … Ich fand das sehr beruhigend. Es ist also meistens nicht der böse Wille oder ein Zeichen mangelnder Liebe, wenn unser Partner anders handelt, als wir es uns wünschen würden. Er ist einfach anders als wir. Ihnen zur Beruhigung und Erinnerung dreht sich der Selbstcoaching-Tipp deshalb um dieses Thema.

Selbstcoaching

GLÜCKLICH DURCH DIE »UNLÖSBAR«-LISTE

69 Prozent aller Probleme in der Partnerschaft sind nicht lösbar! So die moderne Paarforschung. Sie bedürfen Verständnis, Toleranz und Kompromisse. Schreiben Sie eine Liste mit Ihren »unlösbaren« Themen in der Partnerschaft wie:

- Er mag nicht tanzen.
- Er sieht nur Action-Filme.
- Er kommt nie auf die Idee, die Betten zu machen.
- Er findet Pärchenabende langweilig …

Häkchen dran – ja, so ist er.

Statt ständig zu versuchen, ihn zu verändern, nutzen Sie Ihre Energie, um eine schöne Zeit miteinander zu verbringen. Und suchen Sie sich Kino-/Tanz-/Ausgeh-Begleiter(innen).

Nicht immer alles bierernst nehmen

Hinterlassen wir als Paar einen guten Eindruck?

Mein Freund und ich werden oft zu Pärchen-Abenden eingeladen. Dabei wird häufig »Tabu« gespielt: Man muss komische Begriffe erklären, ohne bestimmte Wörter zu verwenden. Es kommt dabei auch darauf an, wie gut man seinen Partner kennt. Ich trainiere nun regelmäßig mit ihm »Tabu«-Fragen, weil ich möchte, dass wir einen guten Eindruck machen. Spinne ich?

Julia, 37

⇨ *Sabine Asgodom:* Ehrliche Antwort? Ja! Soweit ich weiß, geht es in dem Spiel doch vor allem um Spaß und Lachen. Um lustige Missverständnisse und Paar-Diskussionen à la »Warum hast du das nicht verstanden, du Depp?«. Mein Tipp: locker lassen, nicht immer alles bierernst nehmen und sich ruhig mal zum Affen machen. Tut auch der Partnerschaft gut.

Vorwürfe des Partners zurückweisen

Muss ich mich auch im Urlaub aufbrezeln?

Ich bin gerade mit meinem Mann zehn Tage auf Sardinien gewesen. Wir waren jeden Tag am Strand und abends lecker essen. Einfach herrlich erholsam! Nur eine Sache hat den Ferienfrieden wirklich gestört. Mein Mann hat sich nach einer Woche bei mir beschwert. »Im Urlaub schaust du immer grenzwertig aus«, so sein Urteil. Grenzwertig!!! Ja ja, die anderen Frauen im Hotel haben sich jeden Tag aufgebrezelt. Ich muss mich in meinem Job stän-

dig zurechtmachen. Da dachte ich, im Urlaub dürfte ich endlich mal herumlaufen, wie ich will – in Schlabberhose und Top. Sagen Sie, habe ich nicht
recht?

Doris, 48

⇨ *Sabine Asgodom:* Wann haben Sie Ihren Mann denn wieder
aus dem Sand ausgebuddelt? (Also, das hätte ich gemacht.) Bitte
vor der nächsten Reise die Spielregeln festlegen!

Ihn wieder zum Reden bringen

Bei uns herrscht das große Schweigen ...

Seit knapp vier Jahren bin ich mit meinem Partner zusammen, wir verstehen
uns gut, aber wir haben nach und nach, fast unbemerkt, den Gesprächsstoff verloren. Am Anfang haben wir uns nächtelang alles über unser Leben erzählt, wir
waren beide schon einmal verheiratet. Immer häufiger sitzen wir jetzt abends
wortlos vor dem Fernseher. Ich vermisse die wunderbaren Gespräche, die uns so
nahe gebracht haben. Gibt es eine Möglichkeit, ihn wieder zum Reden zu bringen? Mein Partner vermisst nichts, er findet, wir haben eine perfekte Beziehung.

Mechthild, 55

⇨ *Sabine Asgodom:* So eine neue Beziehung ist herrlich auf-
regend, man möchte den anderen erforschen, »einatmen«, alles
von ihm wissen und Gemeinsamkeiten entdecken. Und dann,
je vertrauter man sich geworden ist, überwiegt oft irgendwann
wieder der Alltag, nach dem Muster:

»Wie war's im Büro?« – »Ging so.« – »Erzähl doch mal.« – »Och.« Aber Ausfragen ist nicht Reden. Ich habe ein kleines Spiel entwickelt, um mit dem Partner immer wieder ins Gespräch zu kommen, Spannendes zu erfahren oder gemeinsam zu lachen: Es sind 101 Liebesfragen. 20 davon habe ich Ihnen hier aufgeschrieben. Sie werden aber sicher selbst auch auf noch viel mehr Fragen kommen. Die Fragen sind schöne Kommunikationsanstupser für den nächsten Spaziergang, während einer Autofahrt, beim Kuscheln auf dem Sofa während eines langweiligen Films (vielleicht besser nicht während der Sportschau) oder vor dem Einschlafen im Bett. Statt ihn zu löchern, können Sie selbst auch anfangen: »Weißt du, was mir heute beim Einkaufen eingefallen ist? Als ich ein kleines Mädchen war …« Viel Spaß!

Selbstcoaching

20 LIEBESFRAGEN

1. Hast du je ein Gedicht geschrieben? Für wen? Weißt du den Text noch?
2. Was wolltest du als Kind werden? Warum bist du es nicht geworden?
3. Was kannst du an Männern überhaupt nicht ausstehen?
4. Was kannst du an Frauen überhaupt nicht ausstehen? (Außer, dass sie so viele Fragen stellen.)
5. Hattest du als Kind ein Haustier? Wenn ja: welches?
6. Wovor hast du dich als Kind gefürchtet?
7. Wem kannst du in deiner Arbeit am ehesten trauen?
8. Bist du je beschuldigt worden, etwas getan zu haben, obwohl es gar nicht stimmte?
9. Wer war dein erster Kindheitsfreund/-freundin? Erzähl von ihm/ihr.
10. Was war das schönste Konzert/Musikstück, das du je gehört hast?
11. Wofür hast du dich als Kind mal geschämt?
12. Bei wem musst du dich noch entschuldigen?
13. Erzähl von dem bösesten Streit, den du je mit deinem Vater gehabt hast.
14. Erzähl von dem bösesten Streit, den du je mit deiner Mutter gehabt hast.
15. Hast du schon mal etwas geklaut? Was war es? Wie ging es dir dabei?
16. Was war die größte Ungerechtigkeit, die dir je widerfahren ist?
17. Was war dein Spitzname als Kind/als Teenager? Nennt dich noch jemand so?
18. Was war das Albernste, das du je gemacht hast?
19. Gibt es etwas, was du seit der Kindheit/Jugend aufgehoben hast?
20. Gibt es ein Buch, das dich irgendwann tief beeindruckt hat?

Die Karriere des Partners unterstützen

Muss ich immer Rücksicht nehmen?

Mein Mann ist ein viel beschäftigter Manager. Und seit zwei Jahren schreibt er nebenher auch noch seine Doktorarbeit. Er ist wahnsinnig angespannt und verlangt, dass ich ihn voll unterstütze. Das will ich ja auch gern, aber es wird mir langsam zu viel. Also, ich muss alles erledigen, was unser Privatleben betrifft, die Kinder zur Ruhe mahnen, ihm den Rücken freihalten. Natürlich muss ich akzeptieren, dass es keine freien Wochenenden gibt und der Urlaub – zumindest für ihn – gestrichen ist. Außerdem soll ich ihn trösten, wenn er nicht weiterkommt, und ermutigen, wenn er zweifelt. In letzter Zeit gibt es immer öfter Streit. Vor allem seine Nerven liegen blank. Aber wer kümmert sich eigentlich um mich? Wer stärkt mir den Rücken? Ich bin ebenfalls berufstätig, ich habe auch meine Sorgen. Inwieweit muss ich Rücksicht nehmen und alles schlucken?

Karen, 42

⇨ *Sabine Asgodom:* Die Nerven liegen wohl nicht nur bei Ihrem Mann blank. Da haben Sie sich ja auch ganz schön was vorgenommen. Es war der gemeinsame Plan, wie ich Ihrem Brief entnehme. Und nun sind Sie an Ihre Grenzen gekommen. Die Frage, die ich mir an Ihrer Stelle als Erstes beantworten würde, ist: Möchte ich dieses Projekt gemeinsam gut beenden? Es klingt in Ihrem Brief so. Wenn ja, hilft Ihnen vielleicht folgende kleine Übung: Wechseln Sie die Perspektive, stellen Sie sich vor, Sie würden Ihre Doktorarbeit schreiben. Was würden Sie sich wünschen, wie Ihr Mann Sie dann unterstützen sollte? Schreiben Sie das detailliert auf. Können Sie das für ihn leisten? Und wie würden Sie im umgekehrten

Fall gemeinsam die zusätzlichen Belastungen organisieren? Wetten, dass Ihr Mann viel mehr Hilfe von außen in Anspruch nehmen würde (Großeltern, Haushaltshilfe, Kinderbetreuung …)? Vielleicht geben Ihnen diese Überlegungen ein paar wichtige Impulse.

Sich vom Urteil der Eltern frei machen

Für meine Mutter bin ich die Böse. Was tun?

In diesem Frühjahr habe ich den Schritt gemacht und endlich die Scheidung eingereicht. Unsere Ehe war nach 21 Jahren nicht mehr glücklich. Nun stehe ich plötzlich in der Familie als die Böse da, die »alles zerstört« hat. Besonders meine Mutter wirft mir vor, dass ich meinen armen Mann rausgeschmissen hätte. Ich dachte, die Zeiten, in denen über Schuld gerichtet wird, seien vorbei. Aber machen Sie das mal meiner 73-jährigen Mutter klar. Ich fühle mich gerade ganz mies. Übrigens: Meine Kinder, 17 und 15, stehen zu mir, auch wenn sie traurig sind, dass der Papa ausgezogen ist.

Susanne, 48

⇨ *Sabine Asgodom:* Wir sind nicht auf der Welt, um so zu sein, wie unsere Eltern uns haben wollen. Es ist Ihre Sache und die von Ihnen und Ihrem Mann. Basta! Vielleicht ist die Mama traurig, dass sie einen netten Schwiegersohn verliert. Ja, das ist traurig. Vielleicht macht sie sich Sorgen um ihre Enkel. Soll sie sich herzlich um sie kümmern. Aber vor allem ist sie Ihre Mutter und sollte Ihnen liebevoll beistehen. Vielleicht hilft Ihnen dieser Gedanke: Nehmen Sie den Schuldvorwurf als eine Selbstaussage

Ihrer Mutter. Vielleicht hätte sie durchgehalten, egal wie unglücklich sie gewesen wäre. (Eventuell war's sogar real so?) Stehen Sie aber zu Ihrer Entscheidung: Es ist Ihr Leben. Ich wünsche Ihnen eine gute Zeit.

Selbstcoaching

SCHEIDUNG ALS CHANCE!

Meine Kollegin Margit List ist Sozialpädagogin und hat Erste-Hilfe-Tipps für Frauen zusammengestellt, die in Scheidung leben oder gerade geschieden sind:

1. Gedanken überprüfen. Scheidung ist keine Schande, kein persönliches Versagen, sondern eine Ent-Scheidung! Lassen Sie sich nichts einreden: Es ist nicht Ihre Schuld, dass die Ehe gescheitert ist.

2. Vor den Kindern nie schlecht über Ihren Ex reden. Sohn/Tochter ist immer »halb Mama, halb Papa«, und wenn Sie über Ihren Ex herziehen, kränken Sie auch Ihr Kind. Das braucht aber die Sicherheit, beide Elternteile lieben zu dürfen.

3. Sich rechtzeitig Unterstützung holen. Auch der Seele kann mal die Luft ausgehen. Suchen Sie das Gespräch mit Experten, z. B. einem Arzt, Therapeuten, Erziehungsberater oder Coach.

4. Zwischen »Paar« und »Eltern« trennen. Sie gehen jetzt getrennte Wege, doch Eltern bleiben Sie ein Leben lang! Suchen Sie mit Ihrem Ex einen Weg, wie Sie als Mutter und Vater konstruktiv miteinander reden können.

5. Sich »Auszeiten« gönnen. Tun Sie, was Ihnen Spaß macht: Verreisen Sie, treiben Sie Sport, treffen Sie Freunde …

6. Der aktuellen Lebenskrise einen Sinn geben. Nichts passiert umsonst im Leben! Suchen Sie die Botschaft hinter Ihrem Schmerz, Ihrer Wut, Ihrer Traurigkeit. Zur Scheidung ist es nicht ohne Grund gekommen. Glauben Sie fest daran!

Sämtliche Möglichkeiten abwägen

Soll ich den Willen meines Partners akzeptieren?

Mein Lebensgefährte, 62, hat nach einem Streit vor einigen Jahren jeglichen Kontakt zu seinem Bruder abgebrochen. Mir hat das immer sehr leid getan, aber er war nicht zur Versöhnung bereit. Jetzt wurde ihm eine ziemlich ernste Krankheit attestiert, und ich quäle mich seit Wochen mit dem Gedanken, ob ich nicht seinen Bruder darüber informieren sollte, wie es um ihn steht. Hinter seinem Rücken möchte ich das nicht tun. Was aber, wenn ich nichts unternehme und mir sein Bruder später Vorwürfe macht? Ich bin in einem fürchterlichen Dilemma und weiß nicht, was richtig wäre. Ich brauche bitte dringend einen Rat.

Nicola, 53

⇨ *Sabine Asgodom:* Ich kann mir sehr gut vorstellen, in welcher Zwickmühle Sie stecken. Und ich finde Ihren Respekt vor der Situation bewundernswert. Ein Dilemma bedeutet, dass wir vor zwei verschiedenen Lösungsmöglichkeiten stehen, die beide unbefriedigend sind. Benachrichtigen Sie den Bruder heimlich, könnte Ihr Lebensgefährte ungehalten reagieren. Machen Sie es nicht, nimmt es Ihnen später vielleicht der Bruder übel. Manchmal kommen wir aus diesem Entweder-oder-Denken nicht heraus. Dann ist es gut, mit jemandem zu reden, der aus der Distanz heraus eventuell weitere Möglichkeiten sieht. Lassen Sie es mich mal versuchen.

Die erste Möglichkeit: Sie tun es einfach hinter dem Rücken Ihres Lebensgefährten.

Die zweite: Sie machen gar nichts.

Eine mögliche dritte: Sie sagen ihm, dass Sie sich verpflichtet fühlen, seinen Bruder zu informieren – und handeln entsprechend.

Eine mögliche vierte: Sie reden ganz offen mit ihm darüber, in welchem Dilemma Sie stecken, und bitten ihn, gemeinsam eine Lösung zu finden.

Eine mögliche fünfte: Sie sprechen mit einem Menschen, der Ihrem Freund nahesteht und der zwischen ihm und seinem Bruder vermitteln kann.

Eine mögliche sechste: Sie akzeptieren, dass es die Entscheidung Ihres Lebensgefährten ist.

Ich weiß nicht, welche Lösung die richtige ist. Das können letztlich nur Sie entscheiden. Noch ein Impuls: Ich hatte selbst mal einen bösen Streit mit meiner Mutter. Fast zwei Jahre lang haben wir keinen Kontakt mehr gehabt. Dann hat mich mein Bruder zu sich eingeladen. Als ich am Bahnhof ausgestiegen bin, stand neben ihm – meine Mutter. Wir sind uns in die Arme gefallen, haben beide geweint. Und ich war meinem Bruder sehr dankbar, dass er das Risiko auf sich genommen hat. Ich wünsche Ihnen viel Mut, das zu tun, wozu Ihnen Ihr Bauchgefühl rät. Eine weitere Entscheidungshilfe finden Sie auf der Selbstcoaching-Seite.

Selbstcoaching

HANDLE ICH RICHTIG?

Wir stehen manchmal vor einer schweren Entscheidung. Sie birgt immer das Risiko, eine falsche Wahl zu treffen und danach die Folgen tragen zu müssen. Die Alternative wäre, nichts zu tun, aber das ist möglicherweise auch der verkehrte Weg. Was helfen kann, ist, sich selbst die Frage zu stellen:

Was würde ich mir von dem anderen wünschen, wenn ich in der Situation wäre?

Im Fall von Nicola wäre das also die Überlegung: Würde sie wollen, dass ihr Lebensgefährte hinter ihrem Rücken aktiv wird? Wie heißt das alte Sprichwort: »Was du nicht willst, dass man dir tu, das füg auch keinem andern zu.«

Dem Partner neu vertrauen lernen

Wie geht's weiter nach dem Seitensprung?

Letzten Januar habe ich herausgefunden, dass mein Mann eine viermonatige Affäre hatte. Er hat sich dann von der Geliebten getrennt und sich für mich und unsere zwei Kinder entschieden. Durch viele Gespräche haben wir versucht, herauszufinden, warum alles passiert ist, und sind nun auf einem guten Weg mit viel Achtsamkeit und Aufmerksamkeit füreinander. Das Einzige, was mich noch nervt, ist, dass sich die Frau im Vier-bis-sechs-Wochen-Rhythmus bei ihm per WhatsApp meldet und fragt, wie es ihm so geht. Er antwortet kurz und knapp, bringt es aber einfach nicht fertig, ihr zu sagen, dass sie sich nicht mehr melden soll. Er hat mir versichert, dass er mit ihr abgeschlossen hat und es keine Gefühle mehr für sie gibt – und dass er mich aufrichtig liebt. Wie soll ich reagieren? Ihm sagen, dass er nun den endgültigen Schlussstrich ziehen soll? Oder einfach damit leben und hoffen, dass es mit der Zeit auch von ihrer Seite aus irgendwann automatisch aufhört?

Claudia, 50

⇨ *Sabine Asgodom:* Da haben Sie schwere Zeiten durchgemacht. Ich bewundere Paare wie Sie und Ihren Mann, die in einer solchen Situation nicht gleich hinschmeißen, sondern einen Neuanfang wagen. Und das scheint ja durch Ihre Achtsamkeit und Selbstreflektion durchaus möglich zu sein. Da gibt es halt nur noch den einen kleinen Dorn. Mir kommt etwas in den Sinn, was ich einmal von einem Araber gehört habe: In jedem orientalischen Teppich wird bewusst einer der vielen tausend Knoten falsch geknüpft, denn nur Allah sei vollkommen. Sie wissen, dass es vollkommene Liebe nicht gibt. Vielleicht können Sie mit diesem einen »Knoten« leben? Und noch eine Frage für

Sie zum Gedankenklären: Wenn es eine Arbeitskollegin Ihres Mannes gewesen wäre, würden Sie dann von ihm verlangen, dass er kündigt? Weil er sonst ja auch weiter mit ihr reden würde … Ich wünsche Ihnen von Herzen alles Gute!

Das Feuer der Liebe wieder entzünden

Wie bekommt meine Ehe wieder Schwung?

Ich könnte zufrieden sein, mein Mann und ich arbeiten beide als Führungskräfte in verschiedenen Unternehmen, unsere Kinder sind fast erwachsen, wir haben ein großes Haus und können uns ein schönes Leben leisten. Nach außen ist alles perfekt. Ich spüre aber seit einiger Zeit eine nagende Unzufriedenheit in mir. Eigentlich sind wir nur noch eine gut funktionierende Arbeitsgemeinschaft. Wir gehen sehr zivilisiert miteinander um, aber es brennt kaum noch ein Feuer zwischen uns. Meinen Mann scheint das nicht zu stören, aber ich merke, dass ich immer häufiger spitze Bemerkungen mache. Was könnte unsere Liebe wieder anfachen?

Michaela, 53, aus Hessen

⇨ *Sabine Asgodom:* Ich kann Sie sehr gut verstehen. In meinen Seminaren oder Coachings höre ich öfter ähnliche Geschichten. Gerade in langjährigen Beziehungen kommen die kleinen liebevollen Gesten oft zu kurz, und Routine macht sich breit. Manchmal warten Frauen enttäuscht darauf, dass der Partner sich wieder mehr bemüht. Warten Sie nicht, heizen Sie selbst wieder nach, bevor das Feuer völlig erlischt. In einer Weiterbildung bei Prof. John Gottman, dem Paarforscher, habe ich gelernt: Eine

Beziehung ist dann glücklich und haltbar, wenn sich die Partner fünfmal so viele positive wie negative Bemerkungen schenken. Wir alle kennen das, dass man die gut laufenden Dinge als selbstverständlich hinnimmt und nur noch das anspricht, was einen aktuell gerade ärgert.

Werden Sie wieder aufmerksamer, achten Sie auf die guten Situationen, und sprechen Sie häufiger an, was Sie an ihm mögen. Zeigen Sie ihm mit kleinen Gesten, dass Sie ihn begehren (siehe Selbstcoaching-Tipps). Und erinnern Sie sich, was Sie früher gern miteinander unternommen haben. Können Sie davon etwas aktivieren? Ich wünsche Ihnen das von Herzen.

Selbstcoaching

GLÜCKLICH MIT DER 5:1-FORMEL

Professor John Gottman, der bekannteste US-Paarforscher, hat die »Mathematik der Liebe« entschlüsselt. In Studien hat er bewiesen, dass eine Beziehung lange hält, wenn sie nach der Fünf-zu-eins-Formel gestaltet wird. Die Partner achten auf positive Begebenheiten und sprechen sie fünfmal so oft an wie negative Kritik:

- Wie schön, dass du schon zu Hause bist!
- Danke, das Essen war köstlich.
- Danke, dass du meine Schuhe vom Schuster geholt hast.
- Toll, wie du die Kinder beschäftigt hast.
- Hier, ein Röschen für dich, habe ich am Wegrand gepflückt.
- Ich mag es, wie du . . .
- Danke, dass du mir mein Fahrrad repariert hast.
- Ich freue mich darüber, wie liebevoll du mit meinen Eltern umgehst.
- Es war schön mit dir auf der Party.
- Hm, es duftet immer so gut, wenn du den Rasen gemäht hast.

Auch liebevolle Blicke oder Gesten zählen:
- Im Vorbeigehen ihm einen Kuss in den Nacken hauchen.
- Ihr eine Hand auf die Hüfte legen und sie kurz an sich drücken.
- Ihm einen Zettel mit einem Herz in die Brotzeitdose legen.
- Ihr das neue Buch ihrer Lieblingsautorin mitbringen.
- Ihn im Badezimmer beim Zähneputzen kurz von hinten umarmen.
- Ihn im Vorbeigehen leicht berühren.

Moral versus Spaß

Muss ich wegen einer Affäre ein schlechtes Gewissen haben?

Ich habe seit fünf Jahren einen verheirateten Geliebten. Er ist 63 Jahre alt, ein sehr attraktiver Mann – und ich genieße unser Verhältnis. Wir sehen uns alle paar Wochen und haben eine wunderschöne Zeit miteinander. Er ist liebevoll und zärtlich, ich genieße die Zeit mit ihm. Eifersucht oder so etwas kenne ich nicht. Ich würde, ehrlich gesagt, gar nicht mit ihm zusammenleben wollen. Ich lebe ganz gern allein und bin glücklich, so wie es ist. Mein Geliebter bestätigt mir auch immer wieder, dass ich seiner Frau nichts wegnehme, weil Sex in ihrem Leben keine Rolle mehr spielt. Jetzt will mir eine Freundin trotzdem einreden, was ich seiner Frau alles Schlimmes antue. Muss ich wirklich ein schlechtes Gewissen haben?

Margret, 65

⇨ *Sabine Asgodom:* Ich finde: nö. Zwei erwachsene Menschen dürfen tun, was sie wollen – und was sie gegenüber Dritten verantworten können.

Den Partner akzeptieren

Seine Unordnung macht mich verrückt!

Vor fünf Jahren habe ich mich scheiden lassen, meine beiden Kinder sind aus dem Haus. Seit zwei Jahren habe ich einen neuen Lebenspartner, seit sechs Monaten wohnen wir zusammen. Wir verstehen uns richtig gut, trotzdem zweifle ich manchmal an meiner Entscheidung. Ich versuche, es uns hübsch zu machen, aber er ist leider sehr unordentlich. Mich stören seine Sachen, die ständig in der ganzen Wohnung verstreut sind: Zeitschriften, Kleidung, Papiere, Handwerkszeug. Wie kann ich ihn zu mehr Ordnung erziehen?

Bianca, 48

⇨ **Sabine Asgodom:** Wenn seine Mutti das nicht geschafft hat, werden Sie es wohl auch nicht hinbekommen. Frauen versuchen immer wieder, Männer zu »erziehen«. Lassen Sie es bleiben. Er ist Ihr Mann, nicht Ihr Kind. Wenn Sie aber in seiner Unordnung wirklich unglücklich sind, können Sie verschiedene Konsequenzen ziehen:

- Einmal am Tag sammeln Sie alles ein, was von ihm rumliegt, und werfen es in eine Kiste/Ecke.
- Oder er bekommt ein »Herrenzimmer«, das er, wie er mag, in Unordnung bringen kann. Die anderen Zimmer werden aufgeräumt.
- Oder Sie versuchen es mit dem Zaubersatz: »Bitte, Liebling, räume mir zuliebe auf.«
- Oder Sie lesen mein Buch »Liebe wild und unersättlich!«.
- Oder Sie werden mit der »Ja, aber«-Methode« (siehe Selbstcoaching) toleranter und akzeptieren, dass Ihre wundervolle große Liebe nicht perfekt ist.

Selbstcoaching

TOLERANTER MIT DER »JA, ABER«-METHODE

Es gibt sooo viele Menschen, die einfach fuuurchtbar sind! Aber was tun, wenn wir sie geheiratet haben oder täglich mit ihnen zusammenarbeiten müssen?

Und uns weder scheiden lassen noch kündigen wollen? Es gibt eine wunderbare Technik, die hilft, den Fokus von »furchtbar« auf »okay« zu stellen.

Die »Ja, aber«-Technik geht so:

Sie erkennen klar, wo der Partner oder die Schwiegermutter, der Kollege oder die Chefin Fehler, Mängel und Schwächen hat. Bei Ihrer Wahrnehmung brauchen Sie sich nicht zu belügen. Sie sagen: »Ja, so ist er« – oder »Ja, so ist sie«. Aber dann folgt das große »Aber«. Sie suchen so lange, bis Sie gute Gründe gefunden haben, den Partner dennoch zu lieben oder andere Menschen zu achten.

Beispielhafte »Ja, aber«-Sätze:

- Ja! Ich hasse seine ausgebeulten Cordhosen. Aber er zeigt mir mit seiner Garderobe zugleich, dass auch ich nicht immer gestylt herumlaufen muss. Das nimmt mir viel Zwang, den ich seit Mädchentagen gespürt habe.
- Ja! Er ist oft einfach nur stur. Aber ich schätze seine Überzeugungsstärke.
- Ja! Meine Mitarbeiterin kann eine richtige Zicke sein. Aber wenn es drauf ankommt, arbeitet sie wie ein Pferd.
- Ja! Ich könnte in einer anderen Stadt mehr Chancen haben. Aber ich wohne gern hier und habe nur zehn Minuten bis zur Firma.

Diese Methode kann die Starrheit aufbrechen, in die man geraten ist. Und das Reden über den eigenen Anteil am Lebensglück in Gang bringen.

Respekt in der Beziehung einfordern

Was tun bei einem dominanten Mann?

»Ich bin 17 Jahre verheiratet. Meinen Mann und mich verbindet eine tiefe Liebe. Aber eine Sache führt zunehmend zu Streit: Er verlangt, dass wir nach seinen Regeln leben. Er will alles von mir wissen – wie es in der Arbeit war, wen ich getroffen habe … Wenn ich mal etwas verspätet erzähle, ist er sauer und wirft mir vor, ihm Dinge zu verheimlichen. Am liebsten ist er mit mir allein, wir haben deshalb nur wenige Freunde. Auch bei den Kindern (16 und 14) fordert er, dass ich seine Erziehungsvorstellungen befolge. Ich versuche wirklich, ihm eine gute Frau zu sein, aber es reicht ihm nie. Um ehrlich zu sein, kann ich mir immer öfter vorstellen, allein zu leben – nach meinen Regeln.«

Monique, 42

⇨ *Sabine Asgodom:* Danke für Ihre Offenheit. Ja, Sie haben recht, manchmal ist Liebe nicht genug. Es geht beim freiwilligen Zusammenleben von Erwachsenen nicht, dass einer die Regeln vorgibt und der andere sich danach richten muss.

Vielleicht bringen Sie Ihren Mann ja dazu, im Grundgesetz nachzulesen, was es über die Rechte von Mann und Frau sagt, oder Sie bitten ihn, gemeinsam ein Therapiegespräch zu vereinbaren. Ist er nicht bereit, überlegen Sie, wie lange Sie diesen Zustand noch aushalten wollen.

Einen klaren Schlussstrich ziehen

Muss ich meinem Ex noch Geld geben?

Ich war 21 Jahre verheiratet und habe immer mehr verdient als mein Ex. Vor drei Jahren habe ich mich von ihm scheiden lassen, vor allem, weil er immer wieder Schulden gemacht hat. Inzwischen lebe ich mit einem wunderbaren neuen Mann zusammen. Mein Ex kommt jedoch immer wieder vorbei und bittet mich um finanzielle Unterstützung. Er hat es in seinem Leben nicht leicht gehabt, und deshalb fällt es mir auch schwer, ihn abzuweisen. In den letzten drei Jahren habe ich ihm einige Tausend Euro »geliehen«, Geld, das ich natürlich niemals zurückbekommen werde. Meinem jetzigen Mann gegenüber habe ich schon ein richtig schlechtes Gewissen. Er sagt zwar, dass das ganz allein meine Entscheidung sei, aber irgendwie ist es ja inzwischen auch unser Geld. Wie kann ich das ewige Anbetteln abstellen, ohne meinen Exmann vor den Kopf zu stoßen?

Luisa, 54

⇨ *Sabine Asgodom:* Oft sind solche Geldfragen das letzte Verbindungsglied nach der Scheidung. Ich denke, Sie müssen sich jetzt tatsächlich entscheiden: Soll Ihr Exmann Ihr Sozialprojekt bleiben? Dann zahlen Sie gern den »Ablass« dafür, dass Sie den armen Kerl verlassen haben, und beklagen sich nicht. Letztlich ist es ja Ihr Geld! Oder möchten Sie diese letzte emotionale Verbindung tatsächlich lösen? Für den Fall gäbe es eine ziemlich gute Methode. Sie sagen Ihrem Exgatten: »Mein Lieber, ich will nie mehr mit dir über Geld reden müssen. Es stresst und ärgert mich. Ich habe keine Lust mehr darauf! Jetzt ist Schluss. Wenn es dir aber wirklich mal schlecht geht und du unsere Hilfe brauchst, dann werden wir dich natürlich nicht verhungern lassen. Wende dich in einem solchen Fall bitte an meinen jetzigen Mann. Ich habe ihn gefragt, und er ist einverstanden.« Gefällt Ihnen diese Vorgehensweise? Dann versuchen Sie's doch einfach mal damit!

5

»Bedenken Sie: Klarheit schafft Harmonie«

Lösungen für knifflige Familienkonflikte

Als Frauen über 40 haben wir oft viele private Hüte auf: Tochter, Mutter, Ehefrau, Schwester, Schwiegertochter, Freundin, Betreuerin, Schwägerin, Familienmanagerin … Und jede dieser Rollen birgt Gestaltungsmöglichkeiten. Natürlich wollen wir die Wünsche der anderen ernst nehmen, aber unsere Leistungsfähigkeit hat auch Grenzen. Wie gehen Sie mit den Wünschen anderer um? Was brauchen Sie, um auch fröhlich Ihr eigenes Leben zu genießen? Wie vermitteln Sie vielleicht zwischen anderen, damit der Familienfrieden bewahrt oder wiederhergestellt wird? Dafür bekommen Sie in diesem Kapitel ganz viele Lösungsansätze und Methoden, um zu klären und zu vermitteln, um Rituale zu verändern und sich abzunabeln. Familie kann man sich nicht aussuchen, heißt es. Ich bin überzeugt: Familie kann man gestalten – die Ursprungsfamilie, die eigene Familie und Patchwork-Familien. Und es lohnt sich, denn die Familie ist eine der Kraftquellen, die uns stark machen können.

Eigene Befindlichkeiten hintanstellen

Muss ich zur Hochzeit meiner Tochter?

Ich brauche umgehend Ihren Rat: Meine Tochter, 27, heiratet in drei Monaten. Ihr Vater und ich sind seit 18 Jahren getrennt, sie ist danach vor allem bei mir aufgewachsen. Ich habe aber immer ihren Kontakt zu meinem Ex und seiner neuen Frau ermöglicht und gefördert. Nun hat sie das Angebot ihres Vaters und seiner Frau angenommen, in deren großem Haus die Hochzeit zu feiern. Ich bin absolut entsetzt. In dieses Haus habe ich noch nie einen Schritt gesetzt. Ich mag die neue Frau nicht, auch wenn sie immer sehr nett zu meinem Kind gewesen ist. Natürlich bin ich auch von meiner Tochter enttäuscht, ich bin doch ihre Mutter! Am liebsten würde ich gar nicht an der Feier teilnehmen, wahrscheinlich werde ich doch nur heulen.

Vera, 48

⇨ *Sabine Asgodom:* Kennen Sie diese amerikanischen Hochzeitsfilme mit Chaos, zerdrückten Torten und vielen Tränen? Ja, Sie können sich entscheiden, das ganz große Drama hinzulegen – Vorwürfe, Heulen, Weglaufen. Oder Sie besinnen sich auf die Liebe zu Ihrer Tochter und sorgen dafür, dass die Hochzeit der schönste Tag in deren Leben wird. Ich kann verstehen, dass Sie als Brautmutter wahrgenommen und anerkannt werden wollen. Verbinden Sie es doch mit dem Besten, das Sie Ihrem Kind schenken können: Wie wäre es, wenn Sie auf der Feier eine Rede halten und sich bei der Tochter für die wunderbare Zeit bedanken, die Sie zusammen gehabt haben? Erinnern Sie an unvergessliche Begebenheiten, an wunderbare Momente, schildern Sie mit Begeisterung, wie sich das kleine Mädchen zu der schönen Braut entwickelt hat. Und wenn Sie Ihr ganz großes Herz entdecken, bedanken Sie sich am Schluss beim Vater und dessen Frau für die Liebe, die die beiden Ihrem Mädchen gegeben haben. Das ist großes Kino.

Die Familie zur Ordnung erziehen

Muss ich das Chaos zu Hause akzeptieren?

Mein Mann ist freier Grafiker und arbeitet von zu Hause aus. Wenn ich abends um halb sechs aus dem Büro heimkomme, sieht es in unserem Haus jedes Mal aus, als hätte eine Bombe eingeschlagen. Mein Mann und unsere vier Kinder zwischen 12 und 17 Jahren fühlen sich wohl in diesem Chaos, aber ich könnte schreien. Also, was mache ich? Ich räume erst einmal auf. Sagen Sie mir jetzt nicht, ich sei selber schuld oder ich müsse das Chaos akzeptieren, wenn sich meine Familie doch darin wohlfühlt. Ich will ja auch in diesem Haus leben. Was kann ich tun?

Hanna, 43

⇨ *Sabine Asgodom:* Schreien Sie doch! Vielleicht hilft es, dass die liebe Familie Sie ernst nimmt. Warum sollte ich mich auf die Seite Ihrer Familie schlagen? Sie haben ein Recht darauf, sich in Ihrem Zuhause wohlzufühlen. Ich denke, es ist an der Zeit, mit Ihrem Mann ernsthaft darüber zu reden, dass er Ihre Position vor den Kindern vertritt. Vielleicht können Sie beide Interessen mit einem Kompromiss zusammenbringen: Wie wäre es, wenn Sie mit Ihrer Familie vereinbaren, dass ein Zimmer in der Wohnung definiert wird, wo Ordnung herrschen muss. Und zwar das Zimmer, in dem Sie sich abends aufhalten wollen. In den Zimmern der anderen kann es dann aussehen, wie es will.

Kündigen Sie ruhig an, dass Sie bei Unordnung im vereinbarten Wohlfühl-Zimmer entweder mit einem großen Besen die herumliegenden Sachen einfach in den Flur schieben werden – oder in einem Müllbeutel verschwinden lassen. Wer seine Sachen retten will, kann ja aufräumen, bevor Sie kommen – Mama ante portas!

Die Kinder loslassen lernen

Ich mache mir Sorgen um meine Tochter

Meine 19-jährige Tochter arbeitet seit einem halben Jahr in Frankfurt und meldet sich ganz selten bei mir. Ich mache mir solche Sorgen, will sie aber auch nicht mit ständigen Anrufen nerven. Was kann ich tun?

Monika, 51

⇨ *Sabine Asgodom:* Ja, so muss sich meine Mutter gefühlt haben, als ich mit 19 aus dem Weserbergland nach München gegangen bin. Warum hätte ich mich zu Hause melden sollen? Es ging mir doch gut. Die Zurückbleibenden sind die, die leiden. Fachleute nennen das »Empty Nest Syndrom«. Sie können natürlich Ihrer Tochter einen Chip hinter dem Ohr einpflanzen lassen, sodass Sie im Internet immer sehen können, wo sie gerade ist. Nein – Spaß!!! Der bessere Tipp: Füllen Sie das Loch, das Ihre Tochter hinterlassen hat, mit neuen Aktivitäten. Richten Sie Ihre Aufmerksamkeit auf Ihre Freunde, auf ein Hobby, Ihren Partner (?). Denken Sie wieder mehr an sich. Ihre Tochter wird sich melden, wenn es ihr nicht gut geht. Glauben Sie nicht auch?

Mit Jammerern stressfrei umgehen

Warum setzt sie meine Ratschläge nicht um?

Meine Mutti macht mich wahnsinnig. Jedes Mal wenn wir uns treffen oder telefonieren, jammert sie mir die Ohren voll, dass sie mal wieder Ärger mit ihrer Schwester, also meiner Tante, hat. Meist geht es darum, dass sie sich übergangen oder ausgenutzt fühlt. Ich höre mir das an und bemühe mich wirklich, gute Ratschläge zu geben, was sie machen könnte. Frage ich nach einiger Zeit nach, hat sie nichts davon umgesetzt. Warum tue ich mir das eigentlich an?

Brigitte, 51

⇨ *Sabine Asgodom:* Ich verstehe, dass Sie das Verhalten Ihrer Mutter ärgert, schließlich geben Sie sich große Mühe, ihr zu helfen. Ich habe fünf Wörter für Sie, die Ihnen in Zukunft helfen werden, Frust zu vermeiden. Achtung, jetzt kommen sie: »Aha. So, so. Ja so was. Hm. Nein wirklich?« Jede dieser Wendungen können Sie benutzen, wenn Sie Ihrer Mutti das nächste Mal beim Jammern zuhören. Denn das ist es, was sie wahrscheinlich möchte: dass Sie ihr geduldig zuhören und auf ihrer Seite sind, sie vielleicht sogar ein bisschen bemitleiden. Mehr nicht. Warum stressen Sie sich selbst? Heben Sie sich Ihre Ratschläge für jemanden auf, der sie wirklich annehmen will.

Die Wünsche alter Eltern ernst nehmen

Wohin mit meinem kranken Vater?

Meine Mutter ist schon vor zehn Jahren gestorben. Mein Vater hat bis jetzt allein in meinem Elternhaus gewohnt, das ging sehr gut. Nun, mit über 80, ist er krank und kann sich nicht mehr selbst versorgen. Ich bin die einzige Tochter, wohne mit meiner Familie vier Stunden entfernt und zermartere mir das Hirn. Was soll ich tun? Ich kann ihn nicht zu mir nehmen, aber vielleicht wäre es gut, ihn in ein Heim in meiner Nähe zu geben. Dann könnte ich ihn öfter besuchen. Oder ist eine Unterbringung an seinem Heimatort sinnvoller – braucht er die vertraute Umgebung, die Menschen dort? Oder sollte ich ihm ermöglichen, zu Hause zu bleiben, und eine Pflegerin aus dem Osten engagieren – was ja illegal ist, oder? Ich möchte nur das Beste für ihn.

Anja, 48

⇨ *Sabine Asgodom:* Oh ja, solche Fragen kenne ich aus meinem Bekanntenkreis. Als Erstes ein Satz zu den osteuropäischen Pflegekräften: Seit 2011 ist es möglich, diese offiziell zu beschäftigen. Sie müssen sie nur ordentlich anmelden. Die Monatslöhne liegen derzeit bei circa 1400 Euro. Infos gibt's im Internet, Suchwort »Pflegekräfte aus Osteuropa«. Wichtiger scheint mir aber die Frage: Was will eigentlich Ihr Vater? Vielleicht müssen Sie sich gar nicht so viele Gedanken machen – fragen Sie *ihn* doch mal, wie er sich seinen Lebensabend vorstellt. Ihrem Brief habe ich entnommen, dass er zwar krank, aber nicht dement ist. Besprechen Sie mit ihm, ob seine Wünsche umsetzbar sind. Ich hoffe, dass Sie (beide) eine Lösung finden.

Die Rolle als Großmutter neu definieren

Bin ich eine schlechte Oma?

Meine Tochter wohnt im Nachbarort, sie hat einen dreijährigen Sohn und eine fünfjährige Tochter. Sie wirft mir vor, keine »richtige« Oma zu sein, da ich mich zu selten um die Enkelkinder kümmern würde. Ich selbst bin Mitte 50 und beruflich sehr engagiert. Ich finde das anmaßend. Aber meine Tochter erwartet ernstlich, dass ich beruflich kürzertrete, um mehr Zeit für meine Oma-Aufgabe zu haben. Das ist doch mittelalterlich! Ich habe schon darüber nachgedacht, ob ich zu selbstsüchtig bin. Ich versuche wirklich, meine Enkelkinder oft zu sehen, ich liebe sie, aber ich kann eben nicht immer einspringen, wenn meine Tochter mal einen Termin hat und tagsüber einen Babysitter braucht.

Übrigens: Dass ich sie durch meine Berufstätigkeit finanziell unterstützen kann, findet sie völlig normal. Meine Freundinnen sind mir auch keine Hilfe, die verstehen den Wunsch meiner Tochter sogar und machen mir langsam ein schlechtes Gewissen. Ich brauche jetzt mal eine neutrale Antwort.

Anja, 54

⇨ *Sabine Asgodom:* Ich kann Ihnen keine neutrale Antwort geben. Ich bin selbst Tochter und Großmutter. Ich kann Ihnen aber einige Denkanstöße geben. Ich erinnere mich, dass ich mir als junge Mutter auch gewünscht hätte, dass meine eigene Mutter sich »omahaft« verhielte, aber sie zog es damals vor, mit einem Wohnmobil Europa kennenzulernen. Ich verstehe also durchaus, dass sich Ihre Tochter Hilfe wünscht. Ich akzeptiere allerdings nicht ihre Vorwürfe. Das Selbstbestimmungsrecht für Menschen gilt auch für Großmütter. Jawohl, Sie dürfen Ihr Leben nach Ihren Vorstellungen gestalten. Mit allen ambivalenten Gefühlen, die Sie vielleicht dabei haben. Und allen Konsequenzen. Ich denke, es wird Zeit für ein offenes Gespräch mit Ihrer Tochter. Darüber, was Sie leisten können und wollen und wie Sie sich Ihr Leben vorstellen. Damit Ihre Tochter weiß, woran sie ist, und auch ihr Leben organisieren kann. Und Ihren Freundinnen können Sie sagen, dass sie aufhören sollen, Ihnen ein schlechtes Gewissen zu machen.

Das Verhältnis zur Schwiegermutter klären

Warum zählt nur mein Mann?

Alle zwei Monate besuchen wir meine Schwiegereltern. Mein Mann, meine beiden Kinder (13 und 11) und ich. Sobald mein Mann klingelt und meine Schwiegermutter die Haustür öffnet, ruft sie laut nach dem Schwiegervater: »Günther, komm, der Klausi ist da.« Das ärgert mich seit Jahren. Ja, ich bin gekränkt und frage mich, was ich tun muss, damit sie sich auch mal über meinen Besuch und den von den Kindern freuen würde. Übrigens, die Kinder haben auch schon keine Lust mehr, zu den Großeltern zu fahren. Ich muss sie jedes Mal regelrecht aus dem Auto ziehen. Mein Mann meint, ich übertreibe. Was kann ich tun?

Marlies, 44

⇨ *Sabine Asgodom:* Das würde mir auch stinken, wenn nur der Besuch des »Herzebubeles« zählt, wie man den Prinzensohn in Bayern nennt. Warum Ihre Schwiegermutter so ist? Mir fällt gerade auf, dass ich auch oft erzähle: »Ich versuche, meine Enkelkinder jede Woche einmal zu sehen.«

Also, äh, meinen Schwiegersohn natürlich auch, ich mag ihn sehr gern (Ich muss ihn mal fragen, ob er sich vernachlässigt fühlt ...). Was Sie tun können, um sich nicht mehr zu ärgern? Mir fallen da mehrere Möglichkeiten ein, die ich Ihnen mal auflisten möchte:

1. **Konsequenz:** nicht mitfahren. Sie werden sowieso nicht vermisst.
2. **Charme-Offensive:** Sie klingeln, umarmen lächelnd Ihre Schwiegermutter. Küsschen rechts, Küsschen links: »Ich habe mich so auf dich gefreut! Ich habe dir so viel zu erzählen.« Mann und Kinder kommen langsam nach.
3. **Beziehungsgespräch:** endlich einmal mit Schwiegermama reden: »Was muss ich tun, damit du dich auch über meinen Besuch freust?«
4. **Neues Setting:** die Kinder vorschicken, mit Blumen oder Plätzchen. Dann kommen Sie und Ihr Mann Arm in Arm angeschlendert.
5. **Schock:** den Mann einfach zu Hause lassen und allein hinfahren.
6. **Überraschung:** Sie klingeln, laufen mit strahlendem Lächeln an ihr vorbei und rufen: »Hallo, Günther, wir sind da!«

Rituale ändern, wenn es an der Zeit ist

Muss ich mich der Familie beugen?

Gerade habe ich ein kompliziertes Telefongespräch mit meiner Mutter beendet und beschlossen, Ihnen zu schreiben. Wie jedes Jahr planen meine Eltern, in den Sommerferien mit der ganzen Familie nach Dänemark in ein großes Ferienhaus zu fahren. Mein Bruder mit seiner Familie ist natürlich dabei, und alle erwarten, dass ich mit meinem Mann und unseren beiden Söhnen auch wieder mit von der Partie bin. Ich habe mich eben nicht getraut, meiner Mutter die Wahrheit zu sagen — nämlich dass wir alle vier überhaupt keine Lust darauf haben. Die Kinder würden unheimlich gern mal mit uns in den Süden fahren. Aber darf man ein Familienritual durchbrechen? Ich fühle mich so mies.

Gisa, 39

⇨ *Sabine Asgodom:* Darf man ein Familienritual durchbrechen? Meine Meinung: Man muss es sogar, wenn man nicht mehr glücklich damit ist. Wäre ich Sie, würde ich allen Beteiligten erzählen, dass Ihre Familie dieses Jahr andere Wünsche für die gemeinsamen freien Wochen hat. (Vielleicht geht es den anderen ja sogar genauso, aber sie trauen sich nicht …?) Sie müssen schließlich nicht für alle Zeiten die Zelte abbrechen. Wie wäre es mit einem Urlaub vom Familienurlaub? Und danach entscheiden Sie neu! Ich wünsche Ihnen eine herrliche Zeit.

Besser fragen, statt sagen

Wie vermeide ich Streit mit meiner Tochter?

Schon als unsere Kinder klein waren, haben mein Mann und ich einen Kurs »Familienkonferenz nach Gordon« belegt, damit wir mit unseren Kindern gut kommunizieren können. Mit den beiden Söhnen hat das auch immer prima funktioniert, bis heute. Bei meiner Tochter – sie ist gerade 19 geworden – löst es jedoch stets einen Wutanfall aus. Typische Situation: Sie sagt mir etwas, ich wiederhole, was ich verstanden habe, sie wird sofort stinksauer und schreit: »Nein, Mami, du verstehst mich einfach nicht!« Haben Sie einen Tipp für mich?

Theresa, 51

⇨ *Sabine Asgodom:* Oh ja, so einen Kurs habe ich auch mal gemacht. Ist im Prinzip ganz hilfreich. Doch wenn's nicht funktioniert, ersparen Sie sich einfach unnötigen Stress. Hören Sie auf, Statements abzugeben über das, was Sie vermeintlich verstanden haben. Sie reizen Ihre Tochter damit nur unnötig. Das heißt nicht, dass Sie nicht auf sie eingehen sollten, aber vielleicht versuchen Sie es lieber mit der Strategie »Fragen, statt sagen«. Ich würde an Ihrer Stelle im nächsten Gespräch freundlich und ruhig nachhaken: »Ich hab's nicht richtig verstanden, was meinst du denn mit …?« Das würde Mr Gordon sicher auch gefallen.

Selbstcoaching

RAUS AUS DER AMBIVALENZ-FALLE

Jeder von uns kennt diesen Zustand, in dem wir so gern das eine hätten – und das andere auch. Hier ein paar Fragen, die Ihnen in Entscheidungssituationen mehr Klarheit geben sollen:

1. Was muss ich noch klären, bevor ich eine Entscheidung treffen kann?
2. Ist jetzt der richtige Zeitpunkt?
3. Was kann/muss ich jetzt tun, um mich entscheiden zu können?
4. Was würden mir meine Eltern raten?
5. Was meine Kinder?
6. Was meine beste Freundin?
7. Gibt es einen dritten Weg?
8. Welche Entscheidung ist unumkehrbar?
9. Was würde ich in fünf/zehn/zwanzig Jahren mehr bereuen?

Streit beim Familienfest vorbeugen

Mama – und Vaters Neue: Wie geht das?

Mein Sohn hat dieses Jahr Konfirmation. Er wünscht sich eine große Feier mit der ganzen Familie. Neulich habe ich mit meinem Mann über die Sitzordnung im Restaurant nachgedacht. Unser Problem ist, dass wir die Gäste so platzieren müssen, dass sich meine Mutter (74) und die neue Frau meines Vaters (63) möglichst nicht sehen. Die beiden können es kaum ertragen, mit der anderen im selben Raum zu sein. Dieser Konflikt vergällt mir das ganze Fest. Haben Sie einen Ratschlag, wie wir unserem Sohn einen schönen, friedlichen Ehrentag bieten können?

Hanna, 47

⇨ *Sabine Asgodom:* Ich hätte da eine Idee: Bitten Sie die beiden Frauen vor dem Kirchgang zu einem Gespräch an einen ruhigen Ort – und schlagen Sie dann ihre Köpfe tüchtig zusammen. Nein, im Ernst: Machen Sie den Streit-Heidis klar, dass es an diesem Tag nicht um sie geht, sondern um den geliebten Enkelsohn. Und äußern Sie deutlich Ihre Erwartung, dass zwei erwachsene Frauen es schaffen sollten, ihren Teil zum Gelingen dieses besonderen Ereignisses beizutragen.

Liebe und Job sauber trennen

Wie gehe ich im Job mit meiner Tochter um?

Ich bin Inhaberin eines gut gehenden Friseurgeschäfts mit fünf Angestellten. Seit einem Jahr arbeitet auch meine Tochter, 32, für mich. Sie hat seit meiner Scheidung vor sechs Jahren in Berlin gewohnt, ist da etwas unter die Räder gekommen. Jetzt ist sie der Liebe wegen zurück. Ich freue mich darüber. Sie ist eine gute Friseurin und bringt junge Kundinnen. Beruflich geraten wir leider immer wieder aneinander. So erscheint sie häufig erst am späten Vormittag oder sagt Termine kurzfristig ab, weil sie früher gehen will. Wir haben eine Arbeitszeit von 30 Stunden vereinbart, sie hat aber keinen Vertrag. Sie nimmt auch öfter – ohne zu fragen und zu bezahlen – Produkte aus dem Geschäft mit, um Freundinnen zu Hause die Haare zu färben. Spreche ich sie darauf an, reagiert sie empfindlich. Sage ich, was mich die Sachen kosten, zuckt sie nur mit den Schultern. Sie weiß gar nicht, wie schwer ich mir mein Unternehmen erarbeiten musste. Ich will sie ja gern unterstützen. Aber so geht es nicht weiter.

Bruni, 54

⇨ *Sabine Asgodom:* Einer meiner Lieblingssätze lautet: Klarheit schafft Harmonie. Wie wäre es, wenn Sie die Liebe zu Ihrer Tochter und das Business sauber voneinander trennen würden? Vielleicht können Sie ihr versichern, wie sehr Sie sich freuen, dass sie wieder da ist. Dass es aber unabhängig von Familie eine zweite Ebene gibt, und das ist das Geschäft. Dort herrschen die gleichen Regeln wie für Ihre anderen Angestellten. Bieten Sie Ihrer Tochter einen klassischen Arbeitsvertrag an, in dem alle Absprachen festgeschrieben sind. Und machen Sie ihr klar: »Wenn du dich an die Regeln hältst, darfst du gern für mich arbeiten. Wenn nicht, solltest du dir woanders was suchen. Das ändert nichts daran, dass ich dich liebe und immer für dich da sein werde.«

Das Empty-Nest-Syndrom bekämpfen

Wie fülle ich die neue Leere zu Hause?

Innerhalb von vier Wochen sind meine beiden Töchter (24 und 20 Jahre) ausgezogen. Ich freue mich, dass sie ihren Weg gehen, aber es ist komisch, die leeren Kinderzimmer zu sehen. Das nennt man wohl das Empty-Nest-Syndrom. Ich bin berufstätig, trotzdem ist es eine Wahnsinns-Umstellung. Haben Sie eine Idee, wie ich die Leere füllen kann?

Barbara, 48

⇨ *Sabine Asgodom:* Ich freue mich für Sie, dass Sie so wunderbare Töchter haben. Und jetzt wird es Zeit für die wunderbare Mutter, die neue Situation zu nutzen. Sie haben den Luxus, zwei freie Zimmer umgestalten zu können. Hier ein paar kreative Impulse: Sie machen einen begehbaren Kleiderschrank für sich daraus. Sie vermieten ein Zimmer an Studenten. Sie richten sich eine Bibliothek oder ein Work-out-Studio ein. Sie machen einen Meditationsraum daraus. Sie nehmen Flüchtlinge auf. Sie isolieren ein Zimmer schalldicht mit Eierkartons und singen darin, so laut Sie können. Ich wünsche Ihnen bei Ihrer Lösung viel Spaß!

Träume leben ohne schlechtes Gewissen

Kann ich meine Eltern für eine Reise allein lassen?

Mein Mann ist 59 und seit einem Jahr aus gesundheitlichen Gründen pensioniert. Jetzt geht es ihm besser, ich selbst arbeite noch Teilzeit. Im April möchte auch ich aufhören, und wir beide träumen von einer Nordlandreise mit Wohnwagen. Da wären wir etwa vier Monate unterwegs. Wir haben drei Kinder; zwei sind außer Haus, ein 29-jähriger Sohn lebt noch daheim. Es geht aber eher um meine Eltern: Vater ist mit seinen 81 noch fit, Mutter, 78, hatte einen Schlaganfall und lässt sich jetzt gern bedienen. Die beiden wohnen im selben Ort, ich schaue fast täglich kurz vorbei. Jeden Sonntag sind wir abends dort zu Besuch. Jetzt hab ich ein schlechtes Gewissen, sie so lang allein zu lassen. Wir möchten diese Reise unbedingt machen, solange wir noch fit sind, und nicht Jahre warten. Haben Sie einen Tipp, wie ich das meinen Eltern schonend beibringe?

Agnes, 54

⇨ *Sabine Asgodom:* Ich habe großen Respekt für die Hilfe, die Sie Ihren Eltern zukommen lassen. Aber ich habe genauso großen Respekt für Ihren Wunsch, die Nordlandreise zu machen – und Ihre Eltern sollten den auch haben. Sie und Ihr Mann kümmern sich in bewundernswerter Weise um sie. Die zwei sollten sich mit Ihnen über Ihre Unternehmungslust freuen. Schenken Sie ihnen eine Landkarte, auf der sie die Route mitverfolgen können. Zeigen Sie Ihnen Bilder und Reiseberichte – und Ihre Vorfreude (die ist meist ansteckend). Zerfließen Sie nicht vor Mitleid, sondern malen Sie den Eltern aus, dass das eine erfüllte Zeit für Sie werden kann. Und sprechen Sie bald mit Ihren Kindern. Bitten Sie sie, sich in der Zeit abzusprechen und sich regelmäßig um die Groß-

eltern zu kümmern. Recherchieren Sie, ob es einen Einkaufs-
service am Ort gibt oder Nachbarn bereit sind, Besorgungen zu
machen. Vielleicht können Sie Freunde bewegen, abwechselnd
mal sonntags vorbeizuschauen. Ich bin überzeugt, dass die Freude
über die Tour Ihnen und Ihrem Mann viel Kraft schenken wird,
von der profitieren dann auch Ihre Eltern. Gute Reise!

Sich endlich von der Tochter abnabeln

Darf ich den Geldhahn einfach zudrehen?

Meine Tochter wohnt seit etwa eineinhalb Jahren in meiner Nähe, und wir haben ein sehr gutes Verhältnis. Sie ist 37 und alleinerziehende Mutter von zwei
Kindern. Allerdings kann sie nicht mit Geld umgehen, bittet mich immer wieder, ihr auszuhelfen, obwohl ich selbst nicht viel habe. Rate ich ihr, sich alles
etwas besser einzuteilen, kommt nur ein »Das lass mal meine Sorge sein«. Ich
weiß nicht, wie ich mich verhalten soll. Ich möchte ihr gern helfen, doch wenn
ich ihr Geld gebe, bekomme ich es nicht zurück. Sie kann jederzeit zu mir zum
Essen kommen, aber finanziell will ich ihr nicht mehr unter die Arme greifen.

Kerstin, 57

⇨ *Sabine Asgodom:* Es scheint, als ob das Thema Geld eine Art
Nabelschnur zwischen Ihnen und Ihrer Tochter ist. Überlegen
Sie, ob Sie diese nicht endlich durchtrennen wollen. Wenn ja,
dann überlegen Sie doch mal, die Worte Ihrer Tochter aufzu-
greifen und ihr, sobald sie wieder um Geld bittet, zu antworten:
»Das lass ich mal deine Sorge sein.« Dafür, dass sie nicht ver-
hungert, sorgen Sie ja sowieso, wie Sie schreiben.

Enttäuschungen einfach mal beiseite wischen

Bin ich altmodisch?

Ich habe einen Neffen, 29, der vor drei Jahren geheiratet hat. Ich bin die einzige Tante, habe das Paar auch immer wieder in Braunschweig besucht. Aber sie haben sich nie von sich aus gemeldet. Ich spielte bei ihnen eine Rolle im Hintergrund. Vor acht Monaten haben sie einen Sohn bekommen, einen kleinen Benjamin. Sie haben mich nicht zur Patentante gemacht, obwohl ich mir das so sehr gewünscht hätte. Bin ich altmodisch, weil ich enttäuscht bin?

Kati, 51

⇨ *Sabine Asgodom:* Ich weiß nicht, ob das etwas mit altmodisch zu tun hat. Vielleicht wäre ich als Tante auch enttäuscht. Kurz jedenfalls. Aber dann würde ich mich wohl an meine eigene Zeit als junge Frau und Mutter erinnern. Ich hatte viele Tanten, die ich herzlich gemocht habe (und noch immer mag: Hallo, Tante Elisabeth! Grüß dich, Tante Margret!). Aber es hat mir völlig gereicht, sie ein-, zweimal im Jahr bei Familienfesten wiederzusehen. Vielleicht waren die auch enttäuscht von mir? Kann sein. Soll ich ehrlich sein? Als ich meine kleine Familie gegründet habe, waren vor allem unsere Freunde in München »meine Familie«. Und ich habe mir keine Sekunde Gedanken darüber gemacht, ob irgendjemand aus der Verwandtschaft erwartet hätte, Patentante zu werden. Ich sehe auch in der Generation meiner Kinder immer mehr junge Paare, die sich ihre besten Freunde als Paten und Begleiter für ihre Kinder wünschen. Und ich kann das verstehen. Also, meine Anregung: Wischen Sie die Enttäuschung weg, besuchen Sie die junge Familie, sooft Sie wollen, und erfreuen Sie sich an Ihrem kleinen Neffen.

Ausmisten mit Motivation und System

Was tun gegen das Chaos im Keller?

Unser Keller soll endlich mal so aufgeräumt werden, dass wir die Dinge, die wir haben, auch finden und benutzen können. In der hinteren Hälfte haben sich Sachen unserer zwei Söhne, die noch keine entsprechenden Wohnungen haben, angesammelt. Die Haushaltsauflösungen unserer Mütter sind in den letzten zwei Jahren hier gelandet (Pelzmäntel!). Kisten mit Dias, Fotos, Negativen, Super-8-Filmen und Tonbändern, alten Akten lasten auf meiner Seele … Haben Sie eine Idee, wie wir uns fürs Kelleraufräumen motivieren können?

Cornelia, 56

⇨ *Sabine Asgodom:* Warum machen Sie nicht eine Kelleraufräumparty mit Freunden? Vorher die Söhne fragen, was sie behalten wollen. Beginn Samstagmorgen mit einem üppigen Frühstück. Dann wird gemeinsam angepackt. Sie machen vor der Tür vier »Sammlungen«:

1. **Bitte bedient euch.** Schöne Sachen, die Ihre Freunde gerne haben können. Müssen sie gleich mitnehmen. Dann aber den Sachen nicht nachtrauern!!!
2. **Für Caritas/eBay/Oxfam.** Kleider, Mäntel, Bücher, Möbel etc., die soziale Einrichtungen gebrauchen können oder die Sie über eBay oder Flohmärkte unkompliziert verkaufen können.
3. **Weg damit.** Braucht keiner? Haben Sie fünf Jahre lang nicht angeschaut? Akten, die nicht aufgehoben werden müssen (vorher noch mal gucken, ob Wertvolles drin versteckt ist). Fällt leichter, wenn ein Abfallcontainer bereitsteht.

4. **Erinnerungsstücke.** Wegwerfen geht gar nicht. Woran das Herz hängt, das bekommt wieder einen kuscheligen Platz. (Warum ist es eigentlich im Keller gelandet?) Und zum Abschluss: eine fröhliche Party im aufgeräumten Keller als Dankeschön an alle.

Die eigene Haltung überprüfen

Wie kann ich meinem Sohn helfen?

Ich mache mir große Sorgen um meinen 20-jährigen Sohn. Er ist sehr intelligent, kriegt aber nix auf die Reihe. Das Abitur hat er nur geschafft, weil ich ihn quasi täglich »hingetragen« habe (ich hätte ihm nicht im Weg gestanden, wenn er kein Studium gewollt hätte, er war aber total ziellos). Jetzt geht er kaum zur Uni, verschläft einen Großteil des Tages und ist bei Verabredungen extrem unzuverlässig. Ob Überweisungen, Ausweis- oder BAföG-Anträge – alles bleibt liegen. Im Februar hat er seinen Studentenjob verloren und noch keinen neuen gefunden. Seine kleine Wohnung, in die er nach dem Abi einziehen durfte, verwahrlost. Nun erzählte er mir, er mache eine Therapie. Ich weiß nicht mehr, wie ich mich verhalten soll.

Antje, 50

⇨ *Sabine Asgodom:* Herzlichen Dank für Ihr Schreiben. Ach ja, wir denken, jetzt ist unser Kind endlich groß, aber die Sorgen hören nicht auf. Die Frage ist, wie wir mit ihnen umgehen. In der Literatur finden Sie verschiedene Antworten:

1. Härte, ständige Kontrolle, Regeln, Strafen.
2. Das Kind sich selbst überlassen, es ist sein Leben.
3. Ihn machen lassen, aber für ihn da sein, wenn er Sie darum bittet.
4. In sich selbst forschen. »Was ist mein Anteil an seinem Verhalten?«
5. Ihn weiter »bemuttern« – alles ausbügeln und aufräumen.

Ich denke, Sie können nur für sich entscheiden, welcher Mutter-Typ Sie sind. Was können Sie leisten – und was aushalten? Wie strikt mögen Sie sein? Fehlerlos sind wir Mütter nie. Ich bin bei meinen Kindern letztlich meinem Herzen gefolgt, da war sicher einiges falsch und einiges richtig. Ich weiß nicht, ob es ein Trost für Sie ist, dass viele ähnliche junge Männer irgendwann die Kurve kriegen. Meine Erfahrung: Wir können unsere Kinder nicht ändern, wir können nur unsere Einstellung und unser Handeln ändern. Falls Sie einen Coach kontaktieren wollen, kann ich Ihnen gern mit Adressen helfen.

Konflikte mit den Eltern austragen

Muss ich mich vor den Eltern rechtfertigen?

Ich bin nach der Scheidung mit meiner 14-jährigen Tochter bei meinen Eltern eingezogen. In dem großen Haus gibt es genug Platz für uns. Das ist nur als Übergang gedacht, da wir das gemeinsame Haus mit meinem Ex-Mann verkauft haben. Ich habe eine Stelle in einer anderen Stadt angeboten bekommen und werde in drei Monaten dorthin ziehen. Aber meine Eltern machen mich wahnsinnig. Sie kritisieren ständig an mir herum, behandeln mich wie ein kleines Kind. Dauernd muss ich mich rechtfertigen: Warum ich so spät komme, warum ich ein Buch lese, warum ich nicht im Garten helfe … Meine Mutter läuft ihr Leben lang nur in Kittelschürzen herum, und mein Vater, längst pensioniert, werkelt von morgens bis abends im Haus herum. Warum gönnen sie mir nicht die paar Monate Auszeit? Ich fange doch auch bald wieder an zu arbeiten und als alleinerziehende Mutter wird das Leben bestimmt kein Kinderspiel.

Gerlinde, 50

⇨ *Sabine Asgodom:* Manche Menschen können aus ihrer Kittelschürze, äh, aus ihrer Haut nicht heraus. Sie kennen Ihre Eltern doch schon länger und wussten wahrscheinlich, worauf Sie sich einlassen. Trotzdem haben Sie ihr Angebot, Ihnen vorübergehend Unterschlupf zu bieten, angenommen. Warum sind Sie jetzt so überrascht? Ehrlich gesagt: Sie klingen ein bisschen wie ein verwöhntes Kind, dem Mama und Papa bitte alles abnehmen sollten. Stellen Sie sich vor, Sie würden eine Freundin in Ihrer Wohnung aufnehmen und die würde den ganzen Tag auf dem Sofa rumliegen und sich von Ihnen bedienen lassen. Wie lange würden Sie das mitmachen?

Sie sind Gast im Haus Ihrer Eltern, nutzen Sie die Zeit doch, um möglichst viel mit ihnen zusammen zu machen. Lassen Sie sich Geschichten aus Ihrer Kindheit erzählen oder aus der Kindheit Ihrer Eltern. Erstellen Sie einen Familien-Stammbaum für Ihre Tochter. Lassen Sie sich alte Fotos heraussuchen. Sie haben einige »geschenkte« Monate, um als Erwachsene Ihre Eltern besser kennenzulernen (wir wissen nie, wie oft wir noch Gelegenheit dazu haben werden). Und freuen Sie sich auf die neue Freiheit, die Sie dann in drei Monaten genießen können.

Hilfe anbieten, sich aber nicht aufdrängen

Womit kann ich mein Kind unterstützen?

Vor vier Monaten hat sich meine Tochter mit einem Café selbstständig gemacht. Ich sehe, wie viel Arbeit sie da hat, sie fängt morgens um sechs Uhr an und kommt abends oft erst um neun heim. Ich würde ihr so gern helfen, ich könnte den Abwasch machen oder putzen. Aber sie wimmelt mich immer wieder ab. Was würden Sie an meiner Stelle tun?

Angelika, 52

⇨ *Sabine Asgodom:* Ach ja, wenn wir doch unseren Kindern alles Schwere abnehmen könnten ... Was wäre dann? Würden sie sich besser fühlen – oder wir? Würden sie Zuversicht und Selbstvertrauen trainieren – oder wären wir nur stolz auf uns? »Siehst du, ohne Mutter geht's halt nicht ...« Wenn meine Tochter sich selbstständig gemacht hätte (und das war ja Ihre Frage, was ich tun würde), dann würde ich ...

- ... ihr sagen, wie stolz ich auf sie bin.
- ... ihr Hilfe signalisieren, falls sie welche benötigt.
- ... ihr anbieten, dass ich jederzeit für sie da sein werde, wenn sie reden möchte.
- ... ihr ganz viele Kaffeetrinker und Kuchenesser aus meinem Bekanntenkreis schicken, damit der Laden läuft und sie sich Hilfe einstellen kann.
- ... darauf vertrauen, dass sie zu mir kommt, wenn sie wirklich meine Unterstützung braucht.

Verletzungen aus der Kindheit artikulieren

Soll ich den Kontakt zur Schwester halten?

Seit dem Tod meiner Mutter ist die Spannung zwischen meiner jüngeren Schwester und mir immer größer geworden und nun in einem hässlichen Brief meiner Nichte eskaliert, in dem sie mir jeglichen Kontakt zu ihrer Familie untersagt. Ich habe in meiner Familie immer eine Außenseiterposition eingenommen, und ich spüre deutlich, dass der ganze Ärger mit meiner Kindheit und Jugend zu tun hat. Ich habe schlimmste Beschimpfungen (auch in Gegenwart meines Mannes) über mich ergehen lassen müssen (auch weil ich einen akademischen Grad habe und mein Mann einen Doktortitel). Was soll ich bloß tun?

Dorothea, 57

⇨ *Sabine Asgodom:* Wie in vielen Briefen, die ich zu diesem Thema bekomme, spüre ich Ihre Hilflosigkeit und Verzweiflung über einen Zustand, den man aus eigener Kraft nicht lösen kann. In vielen Familien ist Zwietracht zwischen Geschwistern gesät worden, manchmal führt erst der Streit um ein Erbe zu tiefen Zerwürfnissen, nach dem Motto »Du hast mir schon als Kind immer alles weggenommen«. Können Sie sich vorstellen, dass mir Ihre Schwester die Situation wahrscheinlich ebenso hilflos oder wütend schildern würde? Eine Idee: Schreiben Sie die aktuelle Situation, dazu alle Erinnerungen an die Kindheit und die damit verbundenen heftigen Gefühle, die Sie dazu haben, auf. Nach meiner Erfahrung hat Schreiben eine therapeutische Wirkung. Und vielleicht bekommen Sie den Mut, diese ehrlichen Gedanken an Ihre Schwester und/oder Ihre Nichte zu schicken? Eine Mini-Chance besteht, darüber wieder ins Gespräch zu kommen.

Die Tochter erwachsen werden lassen

Kann ich meine Tochter allein lassen?

Mein Mann und ich wollen demnächst mit einem befreundeten Ehepaar ein Wochenende in einem Wellnesshotel verbringen. Wir würden erstmals meine 17-jährige Tochter zu Hause lassen. Ich bin völlig unsicher: Können wir sie allein lassen? Wird sie eine Party feiern? Ich denke an Artikel über Facebook-Partys und an die Werbung mit dem verwüsteten Haus. Sie sagt, sie wird nichts machen. Und eigentlich vertraue ich ihr auch. Aber ich fürchte, dass ihre Freunde sie überreden könnten zu feiern. Unser Weinkeller ist gut gefüllt, die Hausbar ebenfalls. Sollen wir das erlauben? Oder die Oma als Aufpasserin einladen? Meine Tochter wäre dann allerdings sicher stinksauer ...

Monika, 51

⇨ *Sabine Asgodom:* Ihr Brief erinnert mich, dass ich mit 18 die erste »Bottle-Party« meines Lebens gab, als meine Eltern nicht zu Hause waren. Natürlich kippte der Rotwein auf dem neuen Teppichboden um, natürlich litten die Blumen im großen Blumenfenster. Und mein Vater hat getobt, als meine Mutter und er am nächsten Tag zurückkamen. Ja, so etwas passiert. Ich behaupte sogar: Das gehört zum Erwachsenwerden. Deshalb prüfen Sie, bevor Sie fahren: Sind alle Prämien für die Hausrat- und Haftpflichtversicherung bezahlt? Räumen Sie meinetwegen die Hausbar leer und sperren Sie den Weinkeller ab. Sie können ja auch noch in die Schublade mit den Knabbersachen ein paar bunte Kondome legen. Und dann: Vertrauen Sie Ihrer Tochter. Und erzählen Sie sich an dem Wochenende mit den Freunden, was Sie in Ihrer Jugend alles angestellt haben.

Mit den Kindern aus erster Ehe klarkommen

Kann eine Mediation weiterhelfen?

Seit acht Jahren kenne ich meinen Mann (61). Wir leben noch getrennt wegen unserer beruflichen Situation und sehen uns am Wochenende. Damit kommen wir bestens klar. Er hat eine Tochter (24) und einen Sohn (21) aus erster Ehe. Als wir letzten Sommer geheiratet haben, hat seine Tochter sehr deutlich ihr Missfallen zum Ausdruck gebracht. Sie hängt unglaublich an ihrem Vater und empfand das als Zurückweisung. Seither ist Eiszeit zwischen meinem Mann und ihr. Sie hat zum ersten Mal eine Grenze aufgezeigt bekommen. Das verkraftet sie sehr schlecht. In den ersten sieben Jahren unserer Freundschaft hat mein Mann die Feiertage mit seinen Kindern bei der Exfrau und der ganzen Familie gefeiert, so wie immer. In diesem Jahr jedoch möchte ich mit meinem Ehemann zusammen feiern, bin dabei auch für Kompromisse offen. Er scheut den Konflikt mit seiner Tochter, die extrem auf solche Neuerungen reagiert. Sie ist derart überfordert mit der neuen Situation, dass sie es fertigbringt, subtil zu drohen. Das belastet nicht nur meinen Mann, sondern auch unsere Beziehung. Ich halte eine Mediation für absolut nötig, was meinen Sie?

Ute, 55

⇨ *Sabine Asgodom:* Die erste Scheidung hat Ihr Mann bewältigt – die von seiner Frau. Die zweite Scheidung – von der Familie – ist viel schwerer, denn es geht ja um die Kinder. Dass er diesen Konflikt scheut, verstehe ich gut. Andererseits verstehe ich auch, dass Sie ungeduldig werden (seine Kinder sind ja auch nicht mehr vier und eins). Mediation ist eine sehr gute Idee, das heißt also, einen dritten objektiven Menschen bitten, zu vermitteln und den Konflikt gütlich zu lösen. Überlegen Sie doch mal gemeinsam, ob das eine Verwandte oder ein guter Freund der Familie sein könnte, den die Tochter auch mag. Falls sich im privaten Umfeld niemand findet, können Sie einen professionellen Mediator suchen. Geben Sie dazu im Internet »Mediation« und Ihren Wohnort ein. Ich hätte noch eine Idee: Grandios wäre es natürlich, wenn Ihr Mann mit seiner Exfrau vereinbaren könnte, dass sie beide den Kindern sagen, dass ab diesem Jahr die Feiertagsregelung geändert ist. Ja, ich glaube, ich würde als Erstes das Gespräch mit der Mutter der unglücklichen Tochter suchen.

Familiäre Konflikte ansprechen

Wie bremse ich meinen Schwiegervater aus?

Wir sind gerade ins eigene Haus gezogen. Ich bin hochschwanger und mein Schwiegervater hat beim Umzug, zum Beispiel beim Einbau der Küche, geholfen. Ich habe beobachtet, wie Sebastian, mein Mann, dabei zum kleinen Jungen geworden ist. Sein Vater war herrisch, behandelte seinen Sohn (von Beruf Medienwissenschaftler) wie einen Zwölfjährigen und kritisierte ihn ständig. Er selbst hat mehrere Fehler gemacht, sich aber nicht mal dafür entschuldigt. Es liegt so viel Unausgesprochenes zwischen den beiden. Wie kann ich vermitteln?

Julia, 34

⇨ *Sabine Asgodom:* Es ist wohl Zeit zu reden. Dabei kann man leider viel falsch machen:

1. Wenn Sie Ihren Mann auffordern, sich endlich mal zu wehren, kann es sein, dass er sich durch Sie zusätzlich gekränkt fühlt (»Hältst du mich auch für einen Schlappschwanz?«) – und zwischen Ihnen eine ungute Stimmung entsteht.

2. Reden Sie mit Ihrem Schwiegervater, kann die Situation eskalieren, wenn er mit Recht bemerkt, dass sich »der Feigling« wohl nicht traue, ihm das selber zu sagen.
3. Bei einem Vierergespräch mit den Schwiegereltern ist nicht auszuschließen, dass die Familie sich zusammenschließt und Sie plötzlich als böse Schwiegertochter/Ehefrau dastehen: »Wir wissen gar nicht, was du hast?«

Ich glaube, es gibt einen besseren Weg: Sie reden mit Ihrem Mann über die Erfahrung mit seinem Vater, erzählen ihm aber nur, wie Sie das Verhalten des Schwiegervaters empfunden haben. Dann kann Ihr Mann nach seiner Art darauf eingehen und nach seinen Möglichkeiten reagieren. Und wenn sich der Schwiegervater dann das nächste Mal bei Ihnen unmöglich aufführt, trauen Sie sich vielleicht selbst reinzugrätschen: »Mir gefällt nicht, wie du uns behandelst.«

Ideen für ein Happy End finden

Muss ich jedes Versprechen halten?

Ich bin selbstständig und habe eine kleine Geschenk-Boutique. Die läuft eigentlich ganz gut. Vor einiger Zeit geriet ich vorübergehend in eine finanzielle Notsituation. Ich brauchte sehr schnell 1500 Euro, weil ich einen wichtigen Lieferanten nicht bezahlen konnte. In meiner Not fragte ich meine ältere Schwester. Nach einigem Zögern hat sie mir das Geld unter der Bedingung geliehen, dass ich – quasi als Zinsen – irgendwann mal drei Tage ihre beiden Hunde hüte, damit sie ein langes Wochenende wegfahren kann. Weil ich unter Druck stand, willigte ich natürlich ein. Das Geld habe ich längst abgestottert, aber mich graust es bei dem

Gedanken, allein ihre schrecklichen Hunde hüten zu müssen. Ich mag diese sabbernden Riesenviecher nicht und fürchte mich sogar vor ihnen. Aber ich habe das nun mal versprochen, was soll ich nur tun? Ich habe ständig Angst, dass meine Schwester mich bittet, meine Zusage einzulösen. Muss ich das wirklich?

Annegret, 46

⇨ *Sabine Asgodom:* Das hat ja Märchendrama-Qualität: »Wenn ich dir helfe, das Stroh zu Gold zu spinnen, überlässt du mir dann dein erstes Kind?« – »Ja, klar!« Schauder! »Wenn ich dir mit 1 500 Golddukaten aushelfe, lässt du dich dann von meinen sabbernden Hunden zerreißen?« – »Ja, klar!« Hilfe! Aber wie in jedem guten Märchen gab es auch bei »Rumpelstilzchen« eine Happy-End-Lösung, jedenfalls für die Guten. Das arme Rumpelstilzchen hat sich leider in zwei Teile gerissen (als Kind hatte ich Mitleid mit dem Männchen und fand die Müllerstochter blöd). »Zwei Teile« ist das Stichwort: Teilen wir die Tatsache, dass Ihre Schwester jemanden für die Hunde braucht, um verreisen zu können, von Ihrer Person. Ich meine nicht, dass Sie sich für das gegebene Versprechen zu Tode grämen müssen. Aber Mut müssen Sie doch beweisen, etwa indem Sie Ihrer Schwester sagen: »Verlang von mir, was du willst, Mutters gutes Teeservice oder drei Tage Rückenmassieren, aber die Hunde kann ich dir nicht hüten. Ich habe Angst davor.« Sie wird mit dieser ganz hohen, enttäuschten Schwestern-Stimme sagen: »Aber du hast es versprochen!« Sie werden geknickt sein, denn sie hat recht. Dann ziehen Sie Ihr Ass aus dem Ärmel: »Ich weiß. Und ich möchte mein Versprechen einhalten, dass du ohne Sorge ein paar Tage verreisen kannst. Deshalb zahle ich dir eine Hundepension deines Vertrauens. Sag mir einfach, wann.« Sie fallen sich in die Arme, haben sich lieb – und ein Happy End haben Sie auch.

Alle Selbstcoaching-Übungen im Überblick

Die Autorin

Sabine Asgodom gehört zu den Top-Coaches in Deutschland und kann auf mehr als 25 Jahre Coaching-Erfahrung zurückblicken. Sie arbeitet als Trainerin und Vortragsrednerin, ist Bestsellerautorin und zählt laut *Financial Times* zu den 101 wichtigsten Frauen der deutschen Wirtschaft. Die Inhaberin der Asgodom Coach Akademie coacht Führungskräfte, Selbstständige und andere Trainer und Coaches. 2010 wurde sie für ihr soziales Engagement mit dem Verdienstkreuz am Bande der Bundesrepublik Deutschland ausgezeichnet.

Weitere Informationen finden Sie unter: www.asgodom.de